作者简介

李丹弟 男，1974年8月生，湖北宣恩人。浙江工商大学外国语学院副教授、博士、硕士研究生导师。2004年获“钱之光奖学金”、“东华大学优秀研究生”等奖励和荣誉。2009年获“优秀博士研究生奖学金”。2012年获“外教社优秀外语老师奖教金”。2005年赴英国访学，同年获浙江省高校优秀青年教师资助项目。2006年主持浙江省教育厅科研项目（20060317）。2011年主持浙江省社科联科研项目（2011N174）和杭州市哲学社会科学规划项目（ D11YY18）。参与过国家社科基金项目（06BYY045)、教育部新世纪优秀人才支持计划项目（NECT-06-0674）和教育部哲社规划项目（10YJA740119）。在国内外学术期刊上公开发表学术论文近20篇，其中多篇被《中国社会科学文摘》、《人大复印资料（语言文字学）》全文转载。编著有《英语专业毕业论文写作指南》（合编）。主要研究方向为认知语用、英汉对比和语言类型学。

本书由教育部高等学校社会科学发展研究中心资助出版并列入
《高校人文学术成果文库》

A Comparative Study of the Syntactic Distribution of Chinese and English Coordinating Linkers

汉英并列连接词句法分布对比研究

李丹弟 著

中国书籍出版社
China Book Press

图书在版编目(CIP)数据

汉英并列连接词句法分布对比研究/李丹弟著.—北京:
中国书籍出版社,2013
ISBN 978-7-5068-3432-2

Ⅰ.①汉… Ⅱ.①李… Ⅲ.①连词—句法—对比研究
—汉语、英语 Ⅳ.①H146②H314

中国版本图书馆 CIP 数据核字(2013)第 076916 号

责任编辑/宋 然
责任印制/孙马飞 张智勇
封面设计/中联华文
出版发行/中国书籍出版社
地 址:北京市丰台区三路居路 97 号(邮编:100073)
电 话:(010)52257143(总编室) (010)52257153(发行部)
电子邮箱:chinabp@vip.sina.com
经 销/全国新华书店
印 刷/北京彩虹伟业印刷有限公司
开 本/710 毫米×1000 毫米 1/16
印 张/13.5
字 数/133 千字
版 次/2015 年 9 月第 1 版第 2 次印刷
书 号/ISBN 978-7-5068-3432-2
定 价/68.00 元

前 言

汉英并列连词,虽然数量少,但是出现频率是连词中最高的;而且用法灵活,在汉英语法中具有不可忽视的地位。近些年,汉英并列连词研究也得到了语言学界越来越多的重视,很多学者对并列连词的逻辑语义关系、句法功能、与其他词类的区分等方面都进行了研究、探讨,而对并列连词的句法分布很少涉足。本书在全面总结前贤已有研究成果的基础之上,试图对汉英并列连接词在并列词语和并列复句中隐与现、语序和位置三方面作仔细观察、充分描写,系统对比分析汉英并列连接词在这三方面的句法特征。

为满足教学需要或便于翻译中的处理,汉英单个对应并列连词比较研究的成果已不少,但重点多在于发现它们之间的差异。本书以语言类型学为理论指导,以跨语言对比为研究视角,以寻求语言共性为研究取向。通过入句验查,具体探讨了汉语和英语并列连接词在并列词语和并列复句中的隐现、语序、位置等句法分布问题;并在分析比较的基础上,对两种语言中并列连接词诸方面的共性和差异作详细归纳、概括;进而将汉英并列连接词句法分布比较分析所获共性和差异放到不同语系、语种中去检验,旨在发现并列连接词句法分布的类型学特征。在描写的基础上,还对汉英并列连接词句法分布特征的共性和差异从不同角度加以解释,揭示共性和差异背后的深层原因。

对于并列连词的划分标准以及与其他词类的划界等问题,各家的观点还不一致。我们不再纠缠于对这些非此即彼问题的争论,而是采用认知语言学"家族相似性"的观点,建立起并列连词的"典型范畴"。研究对象以并列连词为主,凡是具有连接作用、能构建并列结构的所有词汇手段,也都为本研究考察对象,故本书冠以“并列连接词”。

本书与我博士学位论文同名，是在我博士学位论文的基础上修改、补充而成。援引我博士学位论文盲审专家评阅意见，论文主要有如下新意：

一、论文对并列连接词的范围和分类进行了全面分析，系统地归纳出汉英并列连接词在隐与现上的共性与差异，以及汉英并列词语、并列分句与并列连接词在语序上的共性与差异，这些共性和差异的对比，使得汉英并列连接词句法分布对比范围得到了扩展。这些对比与分析为描述汉英并列连接词在句法分布上的规律提供了重要依据。

二、论文通过汉英并列连接词句法分布的跨语言对比考察，发现了汉语并列连接词的新类型，对汉语并列连词系统进行了重新梳理和核查，在一定程度上丰富和发展了汉语并列连接词系统。同时，论文以语言类型学为研究视野，进行跨语言对比分析，是连词类型学研究的大胆尝试。论文的研究成果，在语序类型学研究中有重要的学术价值。

三、论文通过系统观察、描写汉语和英语中并列连接词在并列词语和并列复句中的句法隐与现，句法位置、语序等句法分布现象，清楚地归纳了汉语和英语并列连接词的句法特点和相应规律，这些句法规律对汉英互译、汉语和英语教学和计算机信息处理等方面均有重要应用价值。

本书由六章组成。

第一章“导论”。首先全面总结汉英并列连词已有的研究成果。通过梳理，发现了汉英并列连词现有研究存在的问题，从而确立本研究论题，明确研究目标与创新点。介绍了本研究的理论基础、研究方法和语料来源。

第二章“汉英并列连接词的范围和分类”。这一章实际上是对论题的进一步阐释，因为只有把关键概念阐释清晰，把握好处理论题的原则，明确论题涉及的对象和范围，研究的展开才有可能。研究层面是并列词语和并列复句，研究对象是以汉英并列连词为主，同时“凡是具有连接作用，能构成并列结构”的所有词汇手段都在本书考察范围之内；最后是围绕论题对并列连接词进行分类，并对涉及的术语作统一处理。

第三章“并列连接词的隐与现”。这里的“隐与现”实际上指的是“有连接词并列和无连接词并列”。前人对并列连词的隐现与显现有过不少研究，传统的观点是并列连词隐现就是并列连词省略。其实不然，既然是省略，就能还原，而事实上很多无连接词并列结构是不能添加并列连接词的。第一节是本章的引言；第二节系统对比分析了汉英并列词语中连接词的隐与现。归纳概括了汉英并列词语中连接词隐匿的结构特征、语义特点、制约因素。汉英并列词语中连接词的显现分为可有型和必有型两种类型，重点描写分析了汉英并列词语连接词必有型出现的句法环境、句法表现。而后通过援引近40种语言的验证，发现并列词语中连接词的隐匿具有跨语言的普遍性。本章第三节系统比较了汉英并列复句中连接词的隐与现。汉语和英语都可以通过排比、对偶、顶针、回环等句式手段构成无连接词并列复句，汉英语都存在无任何连接手段的"意合"并列句。汉英并列复句中连接词的显现，根据不同语义关系的并列复句，也可分为连接词可有型和必有型两种类型。第四节是本章小结，对并列连接词的隐与现所表现出来的共性和差异加以归纳概括，并从语言类型的（形合、意合）角度对两者差异表现的原因作了深刻分析。

第四章"并列连接词与并列项的语序"。并列词语语序，无论是汉语还是英语都已有相当丰硕的研究成果，但几乎都没有关注到并列连接词对并列词语的句法作用，具体有活化与标示作用。无连词并列词语语序固定，而有连词并列词语的语序相对灵活；并列连接词还能将并列词语标示为固定语序和非固定语序两种类型。非固定语序并列词语的并列项之间排序因不同语言受制于不同的排序原则。并列分句中连接词的语序，因出现在前后分句的位序，存在先行、后续、不定序这三种类型。汉语三种类型都有，英语以前两种为主，存在极少数的不定序并列连接词。本章第三节还对汉英不同语义关系并列复句中连接词的语序做了一一对比。对于并列分句的语序，既考察了并列连接词连同分句一起移位的情况，也考察了并列连接词保持原位不动，仅仅移动分句的情况；还将并列分句的语序与从属分句语序作了比较，发现并列分句之间和主从分句之间的语序自由度，存在一个从左到右，由自由到不自由的连续统，即平列/选择→转折→连贯/递进=主从。从而发现分句之间的语序也是区分并列和从属的形式标准之一。最后是本章的小结，归纳概括了汉英并列连接词语序、并列项语序所表现出来的共性与差异。汉英并列词语中并列项有不同的排序原则，这些排序原则都共同受制于认知心理、文化习惯、语用效果这三大因素。在汉语中，并列分句与主从分句语序特征的交叉是由不同连接词的选用造成的;而在英语中,这一交叉是由同一连接词的不同连接功能造成的。这主要是由于汉语是分析型语言,并列连接词丰富且分工明确;而英语是综合型语言,同一个并列连接词不但可以连接不同语义关系的并列分句,还可以连接主从分句。

第五章"并列连接词的位置"。第一节是本章引言;第二节是汉英并列词语中连接词位置的对比。通过语音停顿,可以发现,语表中立的并列词语连接词有前后置之分,而且具有跨语言的共性,与该语言的语序类型相和谐。这一节还系统对比考察了汉英并列词语中的前置连接词,仔细描写了汉语后置并列连接词;并从格式和连接功能等方面将前置并列连接词和后置并列连接词进行比较,归纳概括了不同位置并列连接词的句法功能。第三节是汉英并列复句中连接词位置的对比。运用徐杰(2005)"句法操作系统"理论,发现构成并列复句的句法操作手段是添加连接词;添加的位置,汉语的先行小句有句首、谓头、句尾三种,而英语只有句首一种;对于后续小句来说,汉英语共性大于差异,主要是句首添加,也有少量谓头添加。进一步援引近40种语言,分析概括了并列复句连接词位置类型:以小句谓语动词为核心,依然可概括为前置和后置两种类型。最后是本章小结,归纳概括了汉英并列连接词在句法位置上所表现出的共性与差异。通过跨语言对比,发现并列连接词的位置与该语言的语序类型相和谐,受制于联系项居中原则。汉语以前置并列连接词为主,但确实存在少量的后置并列连接词,而英语只有前置并列连接词。这是由于基本语序这一参数差异决定:汉语的基本语序是以SVO为主,但确实存在以SOV为语序的语言现象;而英语全部是以SVO为基本语序。

第六章是"结论"。归纳概括了研究所得到的主要结论、研究的价值和意义,同时也指出了研究的缺陷和不足,以及后续研究的努力方向。

目 录
CONTENTS

第一章

绪　论

1.1　汉英并列连词研究概述

汉英并列连词,作为连词的一类,虽然数量少,但是出现频率是连词中最高的,而且用法灵活,在汉英语法中具有不可忽视的地位。近些年,汉英并列连词研究也得到了语言学界越来越多的重视,很多学者对并列连词的语义、功能、与其他词类的区分等方面都进行了研究、探讨。本书所作概述,以20世纪80年代以后所取得的研究成果为主,兼及以前一些较有影响的研究论著。

1.1.1　现代汉语并列连词研究现状

1.1.1.1　单句中并列连词研究概况

对单句中并列连词的研究,大多是对单个并列连词从其意义、用法等各方面加以具体分析、阐述。最常见的几个并列连词,如"和"、"跟"、"同"、"与"、"而"等,学者们都作了专门研究、阐述。

(一)对"和、跟、同、与"的研究

"和、跟、同、与"是常用常见的并列连词。因此,有关它们的研究论述相对较多。如王磊《谈连词"和"的连接作用》(1981),郭进军《连词"和"表示的逻辑关系》(1985),徐俐丽《连词"和"研究概观》(1988),张国光《连词"与"的次类和"A 之与 B"结构》(1992)等等,都是这方面的论著。而且,众人对"和、跟、同、与"在单句中使用情况的分析已较全面,从连介区分到用法、次类、发展史等各方面都有涉及。现代汉语并列连词与介词的区分是个十分棘手的问题,多年来,一直困扰着语法学界。赵元任(1979)称它们为"介词性连词";吕叔湘(1979)认为是连介兼类词;朱德熙(1982)认为是介词,亦是连词。总之,许多学者认为"和、跟、同、与"是连介兼类词。储诚志(1991),张健、陶寰(1993),张谊生(1996)为此作了专门研究,提出了一些区分方法。对"和、跟、同、与"的用法加以阐释、说明、规范的文章也比较多。长期以来,语法学界认为连词"和"只能连接相同或相近的结构。对于这一看法,王磊(1981)作了补充、纠正,对"和"的用法作了自己的解释。胡光斌(1996)著文指出,"和"类并列连词不仅有连接作用,在多层并列结构中,还兼有标示层次的作用。学者还对"和、跟、同、与"这几个并列连词的来源作了探寻,解释了其发展过程。以"和"为例,"和"本来是个动词,后来逐渐由动词发展成连词和介词。其中的发展过程,王力认为,"和"最初是"拌和"的意思,大约从晚唐开始发展为"连带"的意思,后来才逐渐发展为连词。至于何时称为连词,王力没有论述。潘允中也认为"和"原为动词,在中古时期有了"连同"之意,"在宋元时代的作品里,'和'开始用作介词,同时也作连词用"。刘坚(1989)在归纳总结文献资料中"和"字的实际用法后,对王、潘的观点作了补充。他以唐诗为证,指出"和"字在唐代已开始由动词发展为连词。在宋代,连词的用例更为多见,并且出现了介词用法。"可以说'和'字发展到宋代,一方面为连词,一方面又成为介词。""跟、同、与"的实词虚化过程,与"和"一样受到学者的关注。学者们对此作了大量的资料搜集、整理、考证工作,如马清华(2003),文章《并列连词的语法化轨迹及其普遍性》分析表明"并列 > 承接:转折"是并列连词的一条语法化序列或轨迹,是一条反映结构由"不发生特殊关系"到"发生特殊关系"的轨迹,并具有一定普遍性。不过很多问题的结论都还处于推测阶段,还有待于研究探寻。

(二)对"或"、"或者"、"还是"的分析

"或"、"或者"、"还是"是一组表示选择关系的并列连词,它们出现在至少两个选择项(假设为 A 和 B)之间。不少学者曾对"或"、"或者"、"还是"的使用

情况作过考察。对"或者"的考察,比较而言,以吕叔湘先生(1985/1999)主编的《现代汉语八百词》分析得最为详尽,指出了"或者"单用、双用、多用的一些规律。周有斌、邵敬敏(2002)的文章《"或者"单用、双用与多用的条件制约》认为,无论"或者"是单用、双用还是多用,都要受到一定条件制约,并非随意的。发现隐藏在背后的制约条件是选择项的成句性。周有斌(2003)的文章《"或者"句中总括式的使用及选择项排列顺序的简要考察》还指出句内使用与句间使用"或者"句中的总括式在形式、功能、分布三个方面存有很大的差异。"或者"和"还是"是现代汉语中经常使用的两个连词,它们意义相近,在英语中又都译作"or",因此,初学汉语的外国学生不易辨析,常常出现病句。贺奉乔(1998)对二者的区别和联系作了较为深刻的分析。

(三)"而"字的探讨

"而"也是一个常用的并列连词,但由于自身无固定意义,而又功用繁多,因此,如何恰当运用"而",对其用法加以规范、总结,便成为学者们研究探讨的主要内容。王国璋、王松茂(1980)总结了现代汉语中连词"而"的六大用法特点。马静恒(1990)对"而"作了全面探讨、分析,指出"而"的最大功用是用来做连词。他对用作连词的"而"的用法的总结、规范化比王国璋、王松茂的更为精细,归纳了连词"而"的十大用法特点。对"而"用法的研究、总结越来越精细,这对我们的运用是大有裨益的。

1.1.1.2　复句中并列连词的研究概况

对于复句中并列连词的研究,更多的是来自对连词与连词、连词与副词搭配所构成的关联格式的研讨。对复句格式的研究,邢福义先生是这方面的大家,从20世纪80年代起他的著作中就有许多这方面的研究专论,主要有《"但"类词对几种复句的转化作用》(1983a)、《关于"不是……而是"句式》(1983b)、《试论"A否则B"的句式》(1986)、《汉语复句格式对复句语义关系的反制约》(1991)、《关系词"一边"的配对和单用》(1998)等。他还出版了专题论著《复句与关系词语》(1985)、《汉语复句研究》(2001)等等。

很多特定句式的分析、研究,在语法学界也引起了一定范围的讨论,如"不是A,就是B"格式,很多学者对它作了分析,发表了大量文章。有《数量因素对"不是A,就是B"格式意义的制约作用》(王宏宇,1995),《细说"不是A,就是

B”格式》(王宏宇,1996),刘颂浩针对它们而作的《也谈“不是A,就是B”格式》(1996),李月彬从逻辑学角度讨论的《“不是……就是……”的逻辑含义》(1997)等等。

另外,对一些相近并列连词,一些学者不仅从用法上,还从意义、结构等方面作了全面的比较、区别。例如,白荃(1993)曾全面探讨了“而且”和“再说”的异同。这有利于人们更好地分辨几个相近的连词。尤其是对学汉语的外国留学生来说,这样有利于他们更好地掌握、运用汉语并列连词。

1.1.2 英语并列连词研究现状

在许多学者看来,连词的用法比较简单。尤其是在英语这样形态变化非常丰富的语言里,连词是没有词形变化的词类。因此,有关英语并列连词研究的文章比较短,而且也主要涉及并列连词的语义分类和单个并列连词的个案研究。出于同样的原因,现有英语语法书中,连词一章的篇幅比较少,甚至在一些简明的语法书或外语教材中,没有列出连词的专门章节。但也有例外,Lila R. Gleitman(1965)著文对英语并列连词作了专门研究,在夸克等人(1985)的巨著《英语语法大全》中,并列连词的篇幅同其他词类的篇幅是大体等同的。

1.1.2.1 国外夸克等传统语法学家对英语并列连词的研究

根据R. Quirk(1985)的理论,一个英语并列连词必须具备六大句法特点才能称其为中心并列连词(central coordinator)。夸克提出的六大语法特点不仅能用来检验and、or和but是否是中心并列连词,也可以进一步检验与and、or和but句法相似的词是并列连词还是其他。

根据R. Quirk提出的中心并列连词六大句法特点,可以验证and和or具备了这六个句法特点,满足了中心并列连词的所有条件,无疑and和or是英语中心并列连词。but具备前四个特点,而在后两个特点上与and和or表现出一些差别,所以but不能算是中心并列连词,但在句法功能上是一个百分之百的并列连词。至于for和so that只具备前三个特点,处于并列连词和从属连词之间的递差中,但它们显然与一般的从属连词又有很大区别。跟and和or极为相似的nor也不是明显的并列连词,因为在它的前边可以放上另一个并列连词。再者,nor 还有否定的特征,它后面的分句与并列连词引导的分句还有一些句法上的差异。当 nor 引导一个分句时,要求主语和助动词倒装。而位于句首位置的 never 和 nowhere 等否定副词也有这个特点。以上表明,nor 属于与并列连词极为相似的一类连接副词。both、either 和 neither 分别与 and、or 和 nor 构成关联并列连词,这些先行词是对并列关系的一种可有可无的确认项(endorsing items)。后续词与这些对应的先行限定词有紧密的联系。这些确认项本身不是并列连词,因为它们同 nor 一样,前面也可以放一个并列连词。英语关联并列连词 both...and 可看作是为了加强或明确 and 的连接作用,在第一个连接部分的前面放上了 both 这个确认项。同样,either...or 可看作是为了加强 or 的连接作用,在第一个连接部分的前面放上了 either。neither...nor 可以看成是 either...or 的否定式。

显而易见,夸克(Quirk,1985 & 1998)等人仅仅是对英语并列连词的各种用法进行了较为详细的罗列,并没有具体说明说话者为什么有时用并列连词连接两个分句,有时又用意合连接。也就是说,对于说话者使用并列连词的深层认知心理理据以及听话者又是如何对其进行推理解释从而获得说话者所意欲表达的意义等问题尚有待于进一步的探讨。诚如夸克等人也承认的那样,“这种分句的结合在语用学中的含义是根据我们的预想以及对世界的理解不同而有所不同的”(1998: 1282)。换言之,英语并列连词的使用离不开语用的因素。

1.1.2.2 国外对并列连词的语用功能解释

日常语言哲学家 Strawson(1952)认为 and 相当于“and then”或者“and so”,所以改变并列分句的顺序会引起整个并列句意义的改变。and 所传达的因果或时间顺序关系在 Grice(1989:276)看来都是说话者遵循合作原则及其准则而产生的会话隐含义。and 并列句中的两个分句应理解为按事件发生的时间先后顺序排列的,这不属于 and 的语义,而是由准则驱动的语用推理的结果。Blakemore(1987)将英语中的 and、so、after all、but 等处理为话语联系语(discourse connective)。她认为,它们所表示的就是话语之间或话语与语境之间的一种关系,这种关系在处理话语的命题意义、语义信息时起语用制约作用,这就是程序信息或程序意义。Schiffrin, D.(1987)将 and、or 和 but 处理为话语标记(discourse marker),他指出,and、or 和 but 在句子语法里是并列连词,当它们连接叙事部分、行为或话轮的时候是话语标记;当它们连接小句内部成分,如名词或动词短语时,则不是话语标记。因为这三个词有自己的语法功能,所以把它们作为话语标记考察,除了考虑它们在话语中的位置外,还要考虑它们的语法特征对话语的作用。

1.1.2.3 国内对英语并列连词研究概述

国内对英语并列连词的研究,也主要对 and、or 和 but 这三个最常用的并列连词从语义关系、句法功能、语用修辞、英汉对比及翻译的处理等方面作具体分析。

对英语并列连词 and 的意义和用法进行了探讨的有王成芳(1994);对其语义及句法功能研究的有杨联平(2005);从语用角度探讨的有李丛禾(2006),蔡龙权(2001)还对合取 and 的对称性、传递性和添加性进行了研究,徐盛桓(2004)认为英语并列连词 and 构成的表达式 A and B 除了可表示并列关系外,还可暗示诸如原因、条件、目的之类的主从关系,其中有些已语法化成 A and B 构块式;从修辞角度探讨的有牛爱之(2001)、吴克炎(2004)。将 and 与汉语并列连词对比研究的有邱艳春(2007),她分析了 and 所连接的并列体的类型和作用,重点比较了英汉语言中常用的并列连词"and"与"和"的相同和相异之处;孙屹(2008)认为汉语里也有一个跟"and"一样应用广泛而灵活、且在许多情况下用法与"and"相似、甚至可以对译的并列连词"而"。探讨 and 的特殊用法及翻译的还有秦毅(2005),他指出在翻译实践中,应该根据上下文的具体语境,正确理解 and 的真正内涵,然后准确地在译文中将其再现出来,魏洛书(2008)还探讨了 A and B 的非并列翻译问题。

刘静(2000)对并列连词 but 的一些用法作了归纳、概括;张仰奋(1997)对 but 在英语语言运用中的逻辑意义及衔接功能进行了分析。陈周云、陶能为(2000)认为在不同的语境中,but 可以用作并列连词和从属连词;邓道宣(2000)也指出 but 最主要的用途是做并列连词,同时 but 还可起从属连词和关系代词的作用,能用来引导各种从句。吴婧(2006)通过比较汉语"但是"、"却"和英语"but"的语义异同,探讨了它们互译时的制约条件及英汉两种语言把它们分别归于不同词类系统的原因所在,指出汉语语法论著在解释汉语转折连词以及转折连词和副词连用时存在的问题,讨论了汉语转折词用与不用以及用什么转折词所表现出的语气强弱的差异和英语的互译关系。

另外，吴克炎(2004)探讨了 or 的语义连接功能，李延林(2005)认为 or 是英语中使用率较高的一个连词，其用法较复杂，译法也多样；他对 or 的用法与译法作了初步的探讨。

1.1.3　前人研究存在的问题

综上所述，近些年，汉英并列连词越来越受到语言学界的重视。很多学者在并列连词的逻辑语义特征、句法功能、词类界定等方面都进行了相当深入的探讨。不过，并列连词的句法分布等相关问题却并未得到应有的关注。对于并列连词的划分标准及其与其他词类的划界等问题，各家一直观点不一。传统的中外语言比较，大都是两种语言之间的比较，对比的结果带有很大的片面性。为满足教学需要或便于翻译中的处理，汉英单个对应并列连词比较研究的成果已不少，但重点多在于发现他们之间的差异。目前还没有汉英并列连词的系统对比，而且已有的研究未能上升到从语言类型学的高度去发现汉英并列连词的共性与差异。某些研究仅仅是作出了相关的定性分析，缺乏跨语言的对比，更没有相应的数据支持；某些研究还不够细化，如汉英并列连词在各种语料和各级语言单位中的分布规律及态势如何？即使运用传统语言学观点对现代汉语同义并列连词区别的研究仍有许多问题需要进一步深入探讨。

1.2　研究目标与创新点

1.2.1　研究目标

(一)促进汉语并列连词系统研究

《马氏文通》是汉语语法学的奠基之作，也是最早运用比较方法研究汉语语法的著作。“斯书，因西文已有之规矩，于经籍中求其所同所不同者，曲证繁引以确知华文义例之所在。”(马建忠，1898 :13)“求其所同所不同者”、“曲证繁引"是比较,也是马氏用功最勤、成绩最大之处;"以确知华文义例之所在"是目的,建立一个汉语语法体系;"因西文已有之规矩"是借鉴,在当时也是不得已之事,因为汉语没有现成的语法体系。此后所建立的汉语语法体系当然也就出现了以英语语法为"先存之理"来看待汉语的词类、句子等,并使它们尽可能地和英语语法保持一致。

以 1977 年 5 月吕叔湘发表《通过比较研究语法》的演讲为标志,中国的汉英比较研究才开始逐步展开。在演讲中吕先生指出"要认识汉语特点,就得跟非汉语比较"。1994 年,中国英汉比较研究会的成立,标志着中国汉英比较研究进入蓬勃发展时期。一些学者也提出了类似于吕先生的见解。王宗炎(1995)在谈到广州外语界科研情况时说"中国学者不研究中国问题、汉语问题,拿不出本土材料来,很难说完成了自己的任务"。王福祥、刘润清(1995)对此也持同样观点,"引进是十分必需的,但是引进的最终目的是利用本土的语言条件进行研究,提出合适的理论,解决本土语言问题,并对普通理论作出贡献"。这些见解掷地有声,十分中肯、深刻。

面对高速发展的 21 世纪,我们更应该运用比较的方法来研究现代汉语,来解决我们自己的问题。汉语连词,尤其是并列连词,是一种特殊的词类,长期以来我们对它还缺乏充分而清晰的认识。确立本文论题的初衷,正是期望能为促进现代汉语并列连词系统研究作出应有的贡献。

(二)以跨语言对比并列连接词句法分布为契机,加深对汉英语言结构类型的认识

虽然汉英两种语言分属不同的语言谱系,而且接触的时间也不是很长,但是汉英语之间的同大于异,而且人类所有语言都存在着诸多共同点。从语言的发生学或语言哲学来看,这些共同点是直接建立在人类思维本质的基础即逻辑上的。

我们以寻求语言共性为研究取向,试图通过对并列词语和并列复句中的汉英并列连接词在句法上的隐现、位置、语序作系统对比分析,归纳、概括汉英并列连接词在这三方面所表现出来的共性与差异,以加深对汉英两种语言结构类型的认识;同时,本书从跨语言对比的角度,以语言类型学为研究视野,在语言样本的选择上以汉英这两种语言为主,同时援引近 60 种语言,涉及 6 大语系,

以验证汉英并列连接词在句法分布上所表现出的共性具有跨语言的普遍性,同时为寻求语言共性,探索语言普遍规律作出应有的贡献。

(三)理论联系实际,解决应用语言学相关领域的实际问题

比较,是人们认识客观事实的基本方法之一。任何事物,通过比较便会使之表现更具体、特质更鲜明,因而更便于人们去研究、去认识、去掌握。这是因为比较不仅可以揭示事物的特殊本质,而且可以借以认识同类事物的共同本质。

在较为全面总结前人对汉英并列连词已有研究成果的基础之上,我们尽可能全面考察、充分描写并列词语、并列复句中汉英并列连接词在隐与现、位置、语序三方面的句法表现,归纳、概括汉英并列连接词的句法分布特点,系统对比分析它们所表现出的共同本质。只有对汉英并列连词有了充分的认识,在实际应用中准确地把握并列连词才有可能。

1.2.2 创新点

(一)选题

我们在总结前人对汉英并列连词已有的研究成果时发现,很多学者在并列连词的逻辑语义特征、句法功能、词类界定等方面都进行了相当深入的探讨。不过,并列连词的句法分布等相关问题却并未得到应有的关注。然而,只有对语言形式仔细观察、充分描写、清晰认识,对相关语言现象作出比较准确而恰当的解释才有可能。并列连词亦然。只有对并列连接词在并列词语和并列复句中隐现、语序和位置三方面作仔细观察、充分描写,才有可能清晰、系统把握并列连接词的连接功能以及与其他词类的区分。

(二)研究对象

对于并列连词的划分标准及与其他词类的划界等问题,各家观点不一,本文无意于此作是非曲直的判断,而是采用认知语言学"家族相似性"的观点,建立起并列连词的"典型范畴"。本书的研究对象虽以传统的典型并列连词为主,但也把其他具有连接作用、能构建并列结构的相关词汇纳入考察对象,统称之为"并列连接词"。

（三）研究视角

传统的中外语言比较，大都是两种语言之间的比较，而且主要是汉英两种语言的比较，其结果带有很大的片面性。为满足教学需要或便于翻译中的处理，汉英单个对应并列连词比较研究的成果已不少，但重点多在于发现它们之间的差异。本书在系统总结前贤已有成果的基础上，以语言类型学理论为指导，通过入句验查，重点讨论了汉英并列连接词在并列词语和并列复句中的隐现、语序和位置等问题，比较详细地描述了汉英并列连接词在这些方面表现出的句法特征。同时，进一步考察了6大语系近60种样本语言，从类型学的层面对这些句法特征作了考证和阐释。

（四）研究方法

本书对汉英并列连接词的句法分布以客观、全面、仔细的描写为主，既有语言类型学的跨语言对比，也有汉英语之间的比较，还有一种语言内部相关语法现象、语法范畴之间的比较。如前置并列连接词与后置并列连接词句法功能的比较，并列分句语序与主从分句语序之间的比较。

1.3 理论基础

本书将以语言类型学为理论背景，同时它又是贯穿本书的研究方法。本书以汉语和英语并列连接词为主，同时兼顾其他语系语言的并列连接词，跨语言对比考察并列连接词的句法分布。Dik，Simon C. 的“联系项居中原则”将是指导我们对比考察并列连接词位置和语序的一条总原则；在对比考察并列连接词的隐现（即无连接词并列和有连接词并列）时，我们将用到“语言标记理论”；在考察分句内并列连接词位置时，我还将用到徐杰（2005）的“句法操作系统”理论。这里我们重点介绍当代语言类型学和Dik的“联系项居中原则”，其他理论将在处理相关具体问题的章节介绍。

1.3.1 语言类型学

语言类型学从名称上看就是给语言分类的学问。其实问题并不这么简单，当代语言类型学所关注的核心问题——跨语言比较,以发现语言之间的同和语言之间的异为目标。探讨语言的异和同之间的关系是现代语言学各学派的共同目标,更是语言类型学的研究目标。语言类型学既是一种理论,也是一种方法。语言类型学的核心课题既反映了它的研究对象——跨语言比较自然就会发现语言之间的同和异,也反映了它的研究方法——观点和结论都要通过众多语言的比较来获得,不能仅靠单一语言内部的考察,这也正是语言类型学区别于其他相关语言学分支学科的根本特点所在。

"语言类型学",顾名思义,要关注语言的分类。类型学在不同人和不同时期的研究中有不同的定义。它最初出现在生物学等自然科学中,也用于考古学和心理学等社会科学,指通常称作类型(type)的类集关系(system of groupings),可在诸多现象之间建立某种有限的联系,以便于说明问题和调查研究。其定义大体上与分类学(taxonomy 或 classification)相同,即把所研究的现象分成若干类,尤其是结构性现象。(Croft, 1990: 1)

类型学术语于 1901 年开始应用于语言学。(Plank,1991:422,424)语言类型学借用于心理学,以表示根据语音、词汇和句法特征所作的语言分类,或者是跨语言结构性类型的分类。(Greenberg, 1974: 13)其常见形式是 19 世纪早期德国语言学家 Humboldt(1768 ~ 1835)等根据词法特征所提出的 4 个主要类型:孤立型、黏着型、屈折型和多式综合型语言。这就是传统的形态类型学。一种语言隶属于某种类型,尽管可能兼有其他类型的成分。类型学就是说明这些类型并列举语言,或把语言划分成这些类型。Croft 把此称作类型划分。(1990: 1)

20 世纪 30 年代结构主义语言学问世以后,语言类型学也出现了新的研究趋势,即对不同语言中出现的相同语言模式的研究,尤其是对那些只有通过跨语言比较才可能发现的语言模式的研究。(Croft, 1990: 1)这种探索涉及语言的多样性以及这种多样性的限度,其基本原则是考察尽可能多的语言,一般使用归纳、概括的方法。于是,类型学和人类语言的普遍性特征联系在了一起。经典范例是 Greenberg(1966)对蕴涵共性的研究。蕴涵共性在单一语言研究中是难以发现和证实的。这样,语言类型学的研究弥补了单一语言研究的不足,为观察人类语言的本质提供了单一语言研究所不能提供的视角,也为单一语言的研究提供了在语言内部所达不到的视角。在此意义上，类型学家的工作和其他语言学者的研究有互补关系，语言类型学也已成为语言学的重要分支学科。目前，语言类型学的研究经过几代人的努力，已经从分类走向解释，并有了相当大的影响和规模。

当代语言类型学不同于古代类型学，对语言分类不再以同源谱系或地域相近为标准，而是以语言特征为标准；不再限于关心语言整体的分类，而是关心语言系统具体组成部分的分类，如按语序分类、按某种范畴的标记模式分类等等。当代语言类型学分类的基础是语音、语法等语言形式特征，而不是语义范畴。当然，这并不意味着语言类型学不关注语义；恰恰相反，当代语言类型学往往通过考察语义范畴的形式表达手段，来确定各语言的形式特征，语义通常是考察的出发点。只有基于语义或功能，才能获得有意义的类型学结论。本文对汉英并列连接词句法分布的对比研究，也是以并列连接词的语义类别和连接功能为出发点展开对比考察的。

当代语言类型学像其他流派一样，主要关注语法研究，其中语序更成为当代语言类型学的核心领域，Greenberg(1963)的里程碑式论文就是围绕语序展开的。在语序问题中，连词的语序类型也应该占有举足轻重的位置。因此，汉英并列连接词句法分布对比研究正是探讨并列连词语序类型的一次很好尝试。

跨语言对比的一个根本的、可描述性的前提是找到跨语言的、"相同的"语法现象，或者说是确定一个适用于各种语言的类型学范畴。(李韧之,2008)由于人类有着类似的生理机制、生活需要和社会联系，并且处于大体相同的活动空间(Robins, 1952)，所以其思维模式具有同一性。不论是汉语、英语还是其他语言，所表达的基本逻辑关系不外乎"合取"和"析取"两大类别；当然，几乎所有语言都有表达基本逻辑关系的并列连接词。本书的汉英并列连接词句法分布对比研究，从研究方法来说，正是同一语言模式的跨语言分析，这是一种语言学界已广泛接受的研究方法，其基本特点是跨语言对比，即把一种语言内部的现象放在新的不同的视野之中进行考察，以发现其跨语言的普遍性特征和个性差异。语言之间也必然存在着差异，如果没有任何差异，那么人类语言将只属于一个类型，而且这个类型只有一个成员。但语言之间的差异是有限度的，语言之间的变异受一定的限制，有一定的"模式"，有些类型不可能出现，这种普遍适用的变异模式也是一种共性,即蕴涵共性。

理想的类型学研究应该囊括世界上所有的语言，但在现实中这是不可能的。原因是，尽管许多语言业已绝迹或正在死亡,世界上仍然有数千种语言。一个语言类型学家掌握的语言数量是非常有限的,而且发动和组织大量的人力对世界上所有的语言进行类型学研究是极为困难的。解决这个问题的办法是建立有地域和谱系分布样本的语言抽样,考察相当数量的语言。语言抽样也是一个相当复杂的问题。(Croft, 1990:19) 如果所研究的语言现象仅出现在相对有限的一些语言之中,那么就可以对所有或几乎所有的这些语言组成的样本进行考察。在这种情况下,研究者尽可能彻底地对一种语言现象进行研究(例如Greenberg[1970]对声门辅音的研究)。另一方面,如果研究对象是一个普遍的或几乎普遍的语言特点,或研究一种分布极广的特别现象(如 Siewierska[1984]所研究的被动式),样本的大小就成为一个重要问题,且没有确定的答案。(Bell,1978: 142) 最重要的标准是,样本之大应足以使研究结果具有统计学意义,但这一点在获得初步结果之前是难以确定的。

针对某个语言范畴的跨两种语言的研究可以说是样本最小的类型学研究。考虑到抽样的要求,很难说这样的研究能对人类语言总体的某个范畴产生清晰的结论,但是它允许人们对这个范畴在两种语言中的表现作深入细致的观察。这是该范畴的类型学研究的一个重要起点，也是理解人类总体语言的普遍性的颇有意义的一步。(李韧之,2008)它是最实用、最可行、也是最细腻的一种跨语言研究,可为采用更大语言样本的类型学研究打下坚实的基础。本文对并列连接词句法分布的跨语言对比,以汉语和英语为主;但是,为了考察结果的客观性和普遍性,所归纳的是语言共性而不是巧合,我们采用定性研究和定量研究相结合,还兼顾了汉藏语系和印欧语系其他语族语言以及其他语系语言。

1.3.2 Dik 的“联系项居中原则”

由功能语法学家 Dik(1997) 提出的“联系项居中原则”是一条倾向性的语序原则,指出了不同语言的一个倾向共性。Dik 认为连词、介词、格标记、各种从属小句引导词(subordinator,包括关系代词等)、修饰语标记(包括形容词标记,如英语 traditional 中的 al,副词标记,如英语 slowly 中的 ly,领属标记,如英语 John's room 中的 's)等都是"联系项"(relator)大家族中的成员,其共同作用是将两个有并列或从属关系的成分连接成一个更大的单位,并且标明两个成分之间的关系。Dik 为联系项专门提出了一条含两条子原则的语序原则(转引自刘丹青,2003:69):

联系项的优先位置为:(a)在两个被联系成分之间;(b)如果联系项位于某个被联系成分上,则它会在该被联系成分的边缘位置。

Dik"联系项居中原则"的两条子原则条实际上反映了联系项位序的两个不同方面,而且两者常常是可以同时满足的。所谓"优先位置"则说明他的原则不是绝对共性,而是倾向共性。这条原则具有很强的经验基础、预测力量和理论力量。作为"联系项"(relator)大家族成员中的"并列连接词",如果我们把它也代入 Dik 的"联系项居中原则",可以得到"并列连接词居中原则":

并列连接词的优先位置为:(a)在两个并列成分之间;(b)如果并列连词位于某个并列成分上,则它会在该并列成分的边缘位置。

"并列连接词居中原则"也是控制并列连接词位序的一条总原则。

1.4 语料来源

本研究语料的来源途径及标注方式如下:

(一)汉语语料绝大部分检索自北京大学汉语语言学研究中心现代汉语语料库,少部分语料转引自前人的相关专著等研究成果,我们在语料后一一注明原文出处。

(二)英语语料绝大部分转引自以下几部英语语法书,它们是:薄冰《高级英语语法》(2000),伦道夫·夸克,西德尼·戈林鲍姆,杰弗里·利奇等《英语语法大全》(王国富等译,1985/1992),王国栋《大学英语深层语法》(2005),张道真、温志远《英语语法大全》(1998/2001),张克礼《新英语语法》(2001),章振邦《新编英语语法教程》(2003/2006)。另一小部分引自文学作品或名人名言。

(三)本书搜集到的其他语言的语料,在记录形式上有些是使用该语言的文字来记录,有些是使用国际音标或拉丁转写;在音调上,有的是以调类来标示,有的使用五度标调法,有的未标明调值,这里均未作变动,只是根据需要转译成了汉语或增删了部分标注,这不影响并列连接词句法分布特征的分析。

(四)凡书中出现转引的文献,在参考文献中全部列出,以便必要时的进一步核对。

(五)汉语和英语的一小部分例句则是自己造的正确句子。

第二章

并列连接词的范围和分类

从句法结构来说,并列可以纵贯各级句法单位,从并列项的大小规模看,可以分成复合词内部的语素并列(简称"语素并列")、词跟词的并列(简称"词并列")、短语跟短语的并列(简称"语并列")、小句跟小句的并列(简称"小句并列")等。在词并列和语并列之间还有个交错并用的类型,叫"词语混杂并列"。语素并列是词法并列,后三种是句法并列。在句法并列中,按备用单位和使用单位分,可以把词并列跟语并列、语词混杂并列合归为词语并列,与子句并列相对;也可以按并列项是基本单位还是复杂单位分,把语并列跟小句并列合归为语句并列,跟语素并列相对。(马清华 2005:12)当然,并列还可以是超出小句以上的句子之间的并列,甚至是段落之间的并列。

本书的"并列"只涉及句法并列,即小句之间的并列("小句并列"或"并列复句")和小句内句法成分的并列("并列词语")两个方面。复句中的"并列"一词汉英都有广义、狭义之分。广义的并列就是指非主从(非偏正)型的复句,这也是上文所提及的"并列复句"的含义,此义汉语多称联合复句,英语则称为"并列复合句"。狭义的并列是广义并列(联合)下面的一类,是指意义平行的复句,区别于连贯、递进关系的一个小类并列复句,本书统称为平列复句。在小句内句法结构中,"并列"只用于广义,没有更上位的并列概念,例如"张三或者李四"这样的选择关系短语都被归入并列短语①。本书中的"并列"(coordination)涵盖词语关系和复句关系两个层级,全书将统一使用这种定名。

---

① 从并列各项的语义相互作用关系看,并列短语有合取式和析取式两种。

2.1　并列连接词的范围

无论是汉语还是英语，并列连词范围都主要涉及两个问题，一是划分标准问题，即以什么样的标准来划分确定并列连词；二是并列连词与其他词类的划界归类问题。

2.1.1　前人对现代汉语连词语法特点的研究

长期以来，汉语语法界由于对连词的看法不一，对于应采取什么样的划分标准以区别连词与其他词类，从而确定连词的范围，迟迟没有定论，更谈不上有明确的并列连词划分标准。不少人提出过各类划分连词的标准，而这些标准的提出，大都是基于对连词语法特点的认识基础之上的。

20世纪50年代，黄盛璋(1957)在考察了连词的语法特点后，提出了三项区别连词与其他词的功能标准：(1)连词单独一句站不住；(2)可在主语前后移动；(3)有时候前后两句可互相调换位置。

20世纪80年代初，邓福南(1982)归纳了连词的几项语法特点，以此来区分连词与其他词类：(1)连接词、语、句，表示联合、偏正等关系；(2)不充当句子成分；(3)不受修饰；(4)单独表示词、语、句间的关系，而不是附着于词、语、句表示附加意义。作者还在文中表明，第(1)项语法特点，可用来区别西方语言的连词；第(2)项语法特点可用来区别连词和动词；第(3)项可用来区别连词和介词；第(4)项可用来跟助词相区别。

80年代中后期，史有为(1986)在进一步考察了连词的功能的基础上，提出了划分连词的四项功能标准：(1)必须在关联场合下出现，即不能单说或不能同单个虚词结合起来单说，不能只同被连接的一方合起来单说；(2)不能作中心语，不受状语修饰；(3)在同一被连一方的层次上，其前面不能再出现一个同类连词；(4)不能与被连一方共同做“是”的宾语。

20世纪90年代后期，邢福义先生提到连词的语法特征时总结：(1)连词只有连接作用,不能成为句子成分或句子成分中实质性结构部分;(2)连词起码具有双向性。通过这两项特征,亦可以区分连词与介词、副词等其他词类。

总的来说,经过近百年的研究,学术界对汉语连词语法特点的认识是越来越清楚。认识到连词的主要功能是“连接”,具有双向性,从而使连词与介词、副词有了较明确的分界。但是各家说法不一,可以说还没有定论。前人对现代汉语并列连词语法特点的研究,针对的主要是复句中的关联性并列连词,而很少涉及小句内的组合性并列连词。《马氏文通》只有复句关系的连词,作者把与单句有关的“与”字归入介词。《新著国语文法》有单句内连词“和”,同时有复句内连词。《中国文法要略》将介、助、连三类词笼统归为关系词,然后把“和、与”归在“于、以、为、把、被、给”等介词中。《汉语语法论》分连词“和、跟、同、与”和承接词(复句关系的连词)。《中国现代语法》的联结词除“与、和、并、及、同”和复句中的连词“而且、然而”等外,还有“之”①字。《现代汉语语法讲话》正式确定了连词的语法地位,把单句内连词和复句内连词合为一类,但未说明连词的语法功能和意义。邓福南关于连词的第一项语法特点涉及了连词连接词、语的功能,但没有注意到只有并列连词才能连接单句内的同一句法成分、而不能连接不同句法成分的独特性。而且对单句内连词和复句内连词这两类连词的认识,过去的语法学界也一直存在不同意见。

2.1.2 夸克等划分英语中心并列连词的标准

夸克(Quirk, R. et al.)等人在其语法巨著《英语语法大全》中指出,一个英语并列连词必须具备六大句法特点才能称为中心并列连词(central coordinator)。这六个语法特点是:

(一)并列连词在句中的位置限于出现在它所引导的分句的句首。例如:

(1) a. John plays the guitar, and his sister plays the piano.

b. * John plays the guitar; his sister and plays the piano. ②

---

① 连接词与词的“之”、“的”和“地”目前通行的做法都是把它们划为助词。

② 例(1)、(2)、(3)、(6)、(12)转引自 Quirk, et al. A Comprehensive Grammar of the English Language, London and New York: Longman, 1985, pp. 1271 ~ 1272。

并列连词和从属连词一般都是这样,但大多数连接副词却不同。例如:

(2) John plays the guitar; his sister, however, plays the piano.

(二)并列连词所连接的两个分句的前后顺序是不可交换的,若前后顺序颠倒便不可接受或改变原来的逻辑关系。例如:

(3) a. They are living in England, or they are spending a vacation there.

b. *or they are spending a vacation there, They are living in England.

并列连词和连接副词都是这样,但大多数从属连词并非如此。我们可以从以下例句的比较看出。

(4) *Nevertheless John likes it, Mary hates it.

(5) Although John likes it, Mary hates it.

然而,连词 for 和 so that 在这方面和 and、or、but 相似。如下比较可以看出。

(6) a. *For she was unhappy, he asked to be transfered.

b. Because she was unhappy, he asked to be transfered.

再来比较表示结果的 so that 和表示目的的 so that。

(7) a. *So that we arrived home late, the rush hour traffic delayed us.

b. So that we could get to school on time, we got up very early.

(三)并列连词前不能出现另一个连词。

在 and、or、but、for 和引导结果分句的 so that 的前面不允许有另一个连词,但连接副词和从属连词前可以再出现一个连词。通过以下例句可以看出:

(8) *She did not speak to anyone because and no one spoke to her.

(9) *He did not want to do it, and but he did what he was told.

(10) *He asked to be transferred, for he was unhappy and for he saw no possibility of promotion.

(11) *We paid her immediately, so that she left contented, and so that everyone was satisfied.

而以下两个从属分句分别在 and 后面接了第二个从属连词 because 和 so that(表目的),但它们都是可以接受的句子。

(12) He asked to be transferred, because he was unhappy and because he saw

no possibility of promotion.

(13) She saved money so that she could buy a house, and so that her pension would be supplemented by a reasonable income after retirement.

(四)并列连词可以连接小于分句的词或短语。

只要连接部分彼此之间在含义、功能以及(一般来说)形式上一致的话, and、or 和 but 可以连接小于分句的各个成分,如谓语、述谓、短语或单词。例如:

(14) Peter ate the fruit and drank the beer.(谓语并列)

(15) Most people will have read the book or (will have) seen the film.(述谓并列)

(16) We wanted fried fish, but were unfortunately given boiled.(述谓并列)

然而这一特点不适用于连词 for 和引导结果分句的 so that。

(17) * He did not want it, for was obstinate.

(18) * He did not spend very much, so that could afford a trip abroad.

而且这一特点也不适合其他连词和大多数连接副词。

(五)并列连词可以连接从属分句。

and 和 or 不仅可以连接小于分句的各个构成成分,还可以连接从属分句。例如:

(19) He asked to be transferred, because he was unhappy and because he saw no prospect of promotion.

(20) She saved money so that she could buy a house, and so that her pension would be supplemented by a reasonable income after retirement.

对于这一特点,but 有些例外,第一,but 最多只能接两个分句。句子(21)是不可接受的。

(21) * They did not stay although they were happy, but although they were bored.

第二,but 只能连接某些类型的从属分句。

(a) but 只能连接 that-从句。例如:

（22）She said that John would take them by car but that they might be late. ①

（b）but 只能连接时间状语从句。例如：

（23）I spoke to him after the conference was over, but before he started work.

（c）but 只能连接由相同连词如 in order that、so that 和 because，或由相同的 wh-词引导的从句。这种情况下，句子的第一部分必须是否定的，从而与 but 后面的那一部分的肯定含义形成对照。例如：

（24）She did not see who met the ambassador, but who took him away.

（25）He did not save in order to go to school, but in order to buy a car.

除了 and、or 和 but，其他连词和连接副词后面不能再接任何从属分句了。

（六）中心并列连词可以连接两个以上的分句。

此时，并列连词可省略，但最后一个连词却不能省略。例如：

（26）Father is watching TV, (and) Mother is knitting, and Grandpa is dozing in the chair. ②

在例句（26）中，and 连接了三个分句构成了 A (and) B and C 结构。第一个 and 可以省略，但第二个却不能省略。

and 和 or 具有的这一特性，在这方面 and 和 or 不同于从属连词和连接副词，而且不同于并列连词 but，因为 but 从语义上只能连接属于同一层次的两个部分。虽然可以构成下面的句子：

（27）John played football, Mary played tennis, but Alice stayed at home.

其实这句话可被理解为头两个分句是由 and 连接成一部分，再与 but 引导的分句构成同一层次的两部分。如：

（28）John played football, and Mary played tennis, but Alice stayed at home.

通过 R. Quirk 的六大句法特点的检验，英语并列连词只有 and、or 和 but 三个中心并列连词。而且这六大标准，只有标准（四）和标准（五）涉及句法功能，

---

① 例（22）、（23）、（24）、（25）转引自 Quirk, et al. A Comprehensive Grammar of the English Language, London and New York: Longman, 1985, p. 1275。

② 例（26）、（27）、（28）转引自杨联平：《英语连词 AND 语义及句法功能研究》，《北京第二外国语学院学报》，2005 年第 6 期，第 57 页。

其他四个标准都是涉及句法结构的，也就是说 Quirk 划分英语并列连词的标准是以结构特征为主。另外，通过 Quirk 这六大句法特点的检验，and、or 和 but 三个是英语中心并列连词，但并不是说英语只有三个并列连词。英语并列连词还存在着和连接副词兼类的情况，并列连词和从属连词之间也没有截然分界，英语并列连词依然存在划界难的问题。而且 R. Quirk 提出的这六大句法特点对英语中心并列连词的检验，也是在与连接副词、从属连词的对比中确定的，可归纳概括为表一：

表一 并列连词——连接副词——从属连词递差

	（一）	（二）	（三）	（四）	（五）	（六）
并列连词 and、or、but	+ +	+ +	+ +	+ +	+ ±	+ –
连接副词 yet、so、nor、however、therefore	+ –	+ +	× –	+ –	– –	– –
从属连词 for、so that、if、because	+ +	+ ±	+ –	– –	– –	– –

应用于各个词项的六条标准是：

（一）置于分句句首的位置固定不变。

（二）以它开头的分句和前面的分句是按顺序先后定位的，因此不能移到那个分句前面的某个位置。

（三）前面不允许有别的连词。

（四）不仅连接分句，而且连接句内其他成分。

（五）可以连接从属分句。

（六）可以连接两个以上的分句，这时除了最后一个连接词以外的其他所有连接词都可省略。

如果一个词项符合某条标准，就在有关的格子里用“+”表示。如果不符合这条标准，就用“–”表示。“±”的混合使用是为了照顾上文讨论过的某些词项只有在某些条件下才符合某条标准的情况。（三）栏中的“×”号标明了上文已提到的事实，即像 yet、so 和 nor 这样的词，虽然在它们的前面允许有并列连词，但是它们与其他连接副词相比，更能省略这个并列连词，换言之，它们常用于无连词结构，在这一点上，它们与（三）栏中并列连词的相似和它们与连接副词的相似程度相等。

通过表一我们可以看出，从中心并列连词 and 和 or 到 if 和 because 等从属连词之间有递差，but、for 和 so that 在这个递差坡度上，yet、so 和 nor 也在某些方面与并列连词是一样的。虽然表一没有显示出并列连词和其他连接词之间的明显分界线，但我们能够看出为什么夸克等人把 but 看作中心并列连词，而把 for、so that 和 yet 排斥在外的两点理由：一是对于标准（四），在主语省略的情况下，它的作用更像 and 和 or；二是对于标准（五），它能像并列连词那样连接同属于一个主句的分句。第二点尤其能反映它的身份是并列连词，因为它能连接属于同一层次的成分。for 和 so that 与更加典型的从属连词 if 和because相比，它们又比较接近并列连词。同样，yet、so、neither 和 nor 与however和 therefore 等更典型的连接副词相比，更近似于并列连词。这些词具有并列连词的某些特点，夸克等人的处理是把它们称为半并列连词（semi-coordinators）或准并列连词（quasi-coordinators）。其实，可以说它们属于兼类词，yet、so、neither 和 nor 是副词兼并列连词，for 和 so that 是从属连词兼并列连词。

2.1.3　本书对汉英并列连词范围的处理

传统语言学认为语言中的任何东西，例如并列连词的划分、句法成分的类、句法关系的类等，都是边界清楚和非此即彼的，给不同的范畴贴上标签。这样处理的结果即为，是连词就不可能是介词，是主语就不可能是宾语等等。按照这样的做法，无论是通过语法特点的认识，所探讨的汉语连词划分标准，还是通过连接成分句法结构特点的概括，所提出的划分英语中心并列连词的标准，这些标准都很难执行到底。

本书对并列连词范围的处理，我们采用认知语言学“家族相似性”观点。认知语言学认为语言中各种单位范畴和人们所建立的大多数范畴一样，都是非离散性的，边界是不明确的。一个范畴内部的成员之间很少有绝对的共同特征，只是某方面相似，就好像一个家庭内部成员的情况一样。例如“鸟”这一范畴是

"有翼"、"有喙"、"有羽毛"、"会飞"这些特征的相交,或者说这些特征一般总是聚集在一起构成"鸟"的范畴。同时具备这四项特征的,如画眉,就是最典型的鸟;而不是同时具备这四个特征的,如企鹅既不会飞,也没有一般鸟的羽毛,则是不怎么典型的"鸟"。因此"鸟"这个范畴的边界就不是明确的,而是模糊的,界定这个范畴的全部四个特征就不可能是定义"鸟"的充分条件或必要条件,最多只有典型成员和非典型成员之分。类似这种情况,人们所建立的范畴,包括语法范畴,最多也就只是某种"典型范畴"而不会是"离散范畴"。(陆俭明、沈阳,2004:348)无论是通过语法特点的认识,所探讨的汉语连词划分标准,还是通过连接成分句法结构特点的概括,所提出的划分英语中心并列连词的标准所遇到的尴尬,也正好印证了认知语言学"家族相似性"的观点的正确性。

无论是汉语还是英语,除了并列连词,都还可以通过其他连接手段构成并列结构。构成并列结构的连接手段也经常被看作一种标记类型。现代汉语构成并列结构的标记类型,以往的论著主要从连接手段的性质或者说连接手段的来源进行划分。比如,黎锦熙、刘世儒(1985)两位先生把构成并列结构的连接手段分为两大类:一类是关联语调,一类是关联词语。关联语调又分为列举性语调和列举性语调加助词两小类。关联词语又分为连词和副词两小类。赵元任(1979)把构成并列结构的手段分为五类:零和停顿、助词、降调、连词、成对标记或重复标记。范晓(1991)对并列短语的连接手段归纳起来有四类:标点、助词、连词、固定格式。赵先生的停顿接近于逗号、顿号,他的第五类与范晓的固定格式相近。储泽祥等(2002)总结汉语并列短语的连接手段类别有六类:停顿,连词,副词及表示程度的代词(如"这么……这么"),语气词(啊、呀、啦),连词、副词同现,助词。储泽祥的分类在前两位先生分类的基础上作了细化,他们的分类都大同小异,综合几家观点,现代汉语并列关系的连接手段类型可概括为六类:标点、并列连词、关联连词、副词、助词和代词。

另外,构成并列结构的连接手段还应包括短语词,吕叔湘曾指出:"连词也有范围问题……另一方面要跟关联作用的短语词(一方面、总而言之等)划界。"张宝林等人亦同意这一观点,认为其是短语,而非连词;而张斌(2001)主编的《现代汉语虚词词典》则把它们归入连词,只是在词条上加了"短语词"标注。

根据语言事实来分析，无论在语义上还是在句法上，这些短语词与同形的实词性短语都有明显的不同之处。同形的实词性短语的语义一般是短语中各个词的词义相加。在句法上，短语中的词一般都充当一个句法成分，组合成各种句法结构。与同形的实词性短语相比较，连接性短语词语义上已不都是内部的各个词词义的简单相加，有其本身特定的意义。在句法上其句法功能趋于虚化，只相当于一个词，也不再充当句子成分，不受其他成分修饰，只出现在句首或主语之后的位置上，起连接作用。如"一方面"，它在句法功能上已经虚化，不再作数量词，而只出现在分句首或介词短语前面，连接并列的两种相互关联的事物，或一个事物的两个方面。例如：

(29)<u>一方面</u>增加生产，<u>一方面</u>厉行节约。

(30)<u>一方面</u>由于土质，<u>一方面</u>由于气候，使同一品种的植物在不同地区发生不同的变异。

现在不少语法书把诸如这类"一方面"、"总而言之"分析为独立成分或插入语，从语义上已认识到这类短语词的特点，而从句法上还没有完全认识，尤其是它的连接功能。还有些语法书如《中学教学语法系统提要(试用)》把这类短语词分析为关联性状语和评论性状语，虽然指出了它的关联性，但是看法还不够全面。这两种观点都是把这类短语词看作短语。这些词语多是三音节，从本身结构上看似短语，从语义和句法功能上看是词。因此称之为连接性短语词，可以而且应该划入连词范围。表并列关系的，划入并列连词范围。

英语构成并列结构的连接手段类型主要也有六类：逗号(coma)，如：my father, my mother；连词(simple coordinator)如：and、or、but；副词(adverb)如：then、besides、still；关联词(correlative phrase)如：both ... and ...、not only ... but also...；短语连词(coordinative phrase)如：on the other hand、that is to say，准并列连词(quasi-coordinator)，如：for、so that。(Quirk et al. ,1985)

综观汉英构成并列结构的连接手段类型，构成并列结构的最重要手段还是并列连词，虚化程度尚未达到并列连词阶段的词语，如副词、助词、代词、短语连词等也起着重要的连接作用；其实，停顿属于非言语手段，在句法表征上一般通过标点符号体现，从构成并列结构的词汇手段来说，是无词汇标记形式。凡是"具有连接作用、能构成并列结构"这一"典型特征"的所有词汇手段都是我们考察的对象，本书统一冠名为“并列连接词”。

2.2 汉英并列连接词的分类

现代汉语并列连接词相对于英语来说，数量多，分工明确。具体到每个并列连接词，不仅要求语法地位平行，而且还有词性或者语言单位层级的限制。相对而言，现代英语并列连接词数量少，句法分布上只要求语法地位平行，没有词性或语言单位层级的限制。所以，并列连接词的分类，主要是指现代汉语并列连接词的分类。

2.2.1 汉英连词分类的研究概述

连词的再分类问题比较复杂，前人根据不同的标准对连词作了多种不同的分类。概括起来可以分为以下两种情况：

（一）单一标准分类。例如马建忠（1898）根据在句中所起的作用，把“连字”分为提起连字、承接连字、连捩连字、推展或推拓连字四种；黎锦熙（1957）首先把复句分成两大类十个小类，然后把用于各小类复句中的连词分别命名为平列连词、选择连词、承接连词、转折连词、时间连词、原因连词、假设连词、范围连词、让步连词、比较连词等十种；吕叔湘（1979）等根据连词在句中的使用情况将其分为三类：可以合用也可以单用的，可以合用也可以单用后一个的，一般要合用的；朱德熙（1982）根据出现的位置把连词分为只能出现在 S1 里和只能出现在 S2 里两类；史有为（1986）也是根据位置把连词分为前段连词、后段连词、前后段连词三类。

（二）综合标准分类。例如胡裕树（1995）根据连词连接的成分和表示的关系，把连词分为连接词或词组表示联合关系的、连接词或词组表示偏正关系的、连接分句表示联合关系的、连接分句表示偏正关系的四种；《中学教学语法系统提要（试用）》先根据连接的单位把连词分为主要连接词或短语和主要连接分句和句子的两类，又根据表示的关系分为表示并列、选择、递进、转折、因果、条件、假设关系的七种;陆俭明首先根据意义把连词分为表示联合关系和表示主从关系的两大类,在表示主从关系的连词中又根据表示的关系把它们分为表示让步转折关系、表示假设让步转折关系、表示假设结果关系、表示条件结果关系、表示推论结果关系、表示因果关系、表示目的关系七类,再根据在句中所处的位置将其分为前置连词和后置连词两个小类。

此外,赵元任(1979)把连词分成四类:介词性连词、具有超句子用法的连词、成套的连词、由弱化了的主句演化成的连词。

英语连词的分类相对来说要简单些,主要是从形式和用法两个方面来分类。从形式上,可以分为简单连词(simple conjunction),如:and、but、if,连接副词(adverbial conjunction),如:then、besides、still,短语连词(conjunction phrase),如:as yet、or rather、on the other hand,和关联连词(correlative conjunction),如:so...that...、either...or...、not only...but also...,或后面跟某种副词,如:and...as well,but...all the same。根据用法,英语连词可以分为并列连词(coordinate conjunction),如:and、but、besides,和从属连词(subordinate conjunction),如:because、if、though。

2.2.2 汉英并列连接词的分类

并列连接词的分类就是对并列连接词本身的特点和具体用法加以区分,其目的是有利于并列连接词的学习和研究,所以我们认为,对汉语并列连接词的分类应当充分考虑到两个因素:(1)便于对句子进行句法分析;(2)有利于汉语教学,特别是对外汉语教学。因此应当以意义和形式相结合为原则,从语义关系和句法功能两个方面对并列连接词进行分类。如此分类,既可以为理解各类并列连接词的功能及特点提供必要的语义信息,又能为从形式上区别不同连接词提供客观的尺度,而且对于汉英语教学及至句法分析都是比较方便的。对于那些兼属他类词的并列连词,我们则只考虑其并列连接词的用法。当然不同的分类标准会出现互相交叉、部分重叠的情况。

2.2.2.1 句法功能类型

根据并列连接词句法功能分类,主要偏重并列连接词是单用还是双用、连接成分的语法性质、并列连接词的位置、并列连接词在所连接成分的先后顺序等方面。

（一）根据并列连接词使用时是单用还是配对使用，可以将并列连接词分为单纯并列连接词和关联性并列连接词两类。前者如“和、同、与、跟、而、并、及、要不、否则”等，后者如“既……又……、不但……而且……、是……还是……”等。英语并列连接词也有单纯并列连接词和关联性并列连接词之分，前者如：and、but、or、besides、only、still 等，后者如 both…and、either…or、neither…nor、not only…but (also) 和 not…but，其中 both…and 不能连接并列分句，如例(31)b，只能连接并列词语，如例(31)a；not…but 不能连接主要分句，如例(34)a，但可连接并列词语，如例(34)b，并列 because-分句，如例(35)，和 that-分句，如例(36)；其他既可连接并列分句又可连接并列词语，如例(32)a、(32)b、(33)a、(34)b。

(31) a. Both she and he washed the dishes.

b. * Both she washed the dishes and he washed the dishes. ①

(32) a. Either I am to blame or George is.

b. Either I or George is to blame.

(33) a. Neither Peter wanted the reponsibility, nor did his wife.

b. Neither Peter nor his wife wanted the responsibility.

(34) a. * Not he came here by bike but she did.

b. He came here not by bike but on foot.

(35) He stole, not because he wanted the money but because he liked stealing.

(36) It is not that we doubt your loyalty, but rather that we need someone with more experience. (= What we doubt is not your loyalty but your experience.)

关联性并列连接词又可以进一步分为同形双用和异形双用两类，前者如“一边……一边……、或者……或者……、又……又”等，后者如“一方面……另一方面、尚且……何况、既……且……”等。英语并列关联连接词基本上都是异形双用的，几乎没有同形双用的。

（二）根据连接的语言单位的不同，可以把并列连接词分为连接词或短语的

① 例(31)至例(36)转引自张克礼：《新编英语语法》，高等教育出版社，2001 年第一版，第 294 页。

和连接分句与句子的两类。前者只有“和、同、与、跟、而、并、及、以及、连同”等。后者如“再说、况且、而且、于是”等。连接词或短语的并列连接词可称作单纯并列连词(周刚,2002:39)或者组合性并列连接词,根据连接成分的语法性质,可以再分为体词性并列连接词和谓词性并列连接词两小类。连接分句和句子的连词又分两种情况,一种是只能连接分句的,如:“一来、二来、从而、转而、不但、甚至”等;另一种则既可以连接分句,又可以连接句子,其至还可以连接段落,如:“于是、总之、而且、再说、但是、否则、可、不过”等。对于这种连词,赵元任称之为“连词的超句子的用法”,史有为则称之为“超句子连词”。这两种叫法都有道理,也都可以成立,但从突出这种连词可以超出句子范围使用的特点出发,我们认为以称“超句子连词”为好,甚至还可以称作“篇章连词”,本文只讨论它们连接分句的情况。

(三)根据并列连接词在所连接成分的前后位置,可分为前置并列连接词和后置并列连接词。从语言类型学的观点来看,有些语言属于以连词前置为主的,有些语言属于以连词后置为主的,有些语言属于连词前后置都有的。因此,我们不必限于前置才是并列连接词的位置。只要具有连接功能,构成并列结构,即使是后置的也是并列连词。对于“……也罢……也罢”、“……也好……也好”等词,史有为(1986)认为它们是连词,但对连词在所连接成分的前后位置的意义的认识还不够深入,只把汉语中的连词后置现象看成是一种特殊现象,以致分类中没有将它作为分类的依据。“……也罢……也罢”、“……也好……也好”单用形式不能单说,必须以双用形式出现,表示相容的选择关系。这种形式与关联副词的连锁形式相似。而且这种双用形式也不能单说,必须有后续句接应,同时它又有关联性,可以预示后续句的接应。例如:

(37)他做了也罢,没做也罢,都不重要。

(38)你来也好,他来也好,都不行。

例(37)“他做也罢”,“没做也罢”,无论单用“……也罢”,双用“……也罢……也罢”,在此都不能单说,必须有后续句“都不重要”接应才得以成立。例(38)亦然。由此可见,“……也罢……也罢”、“……也好……也好”相似于关联性并列连词。“……也罢……也罢”、“……也好……也好”和单用的“也罢”、“也好”,不论语义还是句法它们之间都不相同。在语义上双用的表示相容的选择,单用的"也罢"表示容忍或只得如此,单用的"也好"表示也还可以。在句法上,前者必须以搭配的双用形式出现,具有关联性连接功能;后者可以单用,不具有关联性连接功能,因此单用的都还是助词。比较:

(39)去也罢,不去也罢,都没关系。

(40)他不去,不去也罢。

(41)不论老王也好,小张也好,都想接受这个任务。

(42)小张想接受这个任务,让他锻炼锻炼也好。

通常把"……也罢……也罢"、"……也好……也好"归入助词而不归入连词的原因,还在于它们总是在所连接的成分后面,即总是后置的。助词绝大部分都是后置的,而连词似乎总是在所连接成分的前面,即总是前置的。"也罢"、"也好"的位置在后,于是就被看作助词。

除了"……也罢……也罢"、"……也好……也好",还有"……不说"(张斌2001),他的用例是:

(43)我听后想一想,觉得自己确实有些过分。丢了我儿子的脸不说,还丢了我自己的脸。

"不说"还有前置的用法,但以后置的为多,为了区别,把"不说"分为两个,后置的为"不说1",前置的为"不说2",都为并列连词。

另外,同形多用的"啊、呀、啦"等也是后置并列连接词。对于后置连词来说,我们还可以将其分为单用、双用或多用等类型。

汉语方言里后置连接词则较多些,比如上海话里的"……勿算"、"……咾"都是后置并列连接词。

(44)伊勿听劝勿算,相反闹得更结棍。(他不但不听劝告,反而闹得更厉害。)

(四)根据并列连接词在所连接的分句中的语序先后把并列连接词分为先行并列连接词和后续并列连接词。先行并列连接词指以用于前一分句为常式的并列连接词,如"一来"、"不但"、"不仅"等;后续并列连接词则指以用于后一分句为常式的并列连接词,如"二来"、"而且"、"但是"、"不过"等。另外,根据并列连接词在所连接的分句中的语序固定与否,把并列连接词分为定序与非定序两小类。非定序是指并列连词与所连接的分句后移不后移均可。其实,定序与非定序、先行和后续都是针对前置并列连接词而言的。

学者们以不同的标准对连词进行了再分类,而且越分越精细。如就并列连词在被连接部分中的哪一部分,如果细分的话还可分为五种,即:主语前并列连词、主语后并列连词、主语前后并列连词(既可放在主语前,也可放在主语后)、并列词语前并列连词和并列词语后并列连词。这对并列连词研究的深入、专门化有一定的帮助,只是许多分类方法过于细致,以致连词的类别越来越多,趋于繁琐。本文从形式的角度,主要考虑三个参项:(1)所连接语言单位大小,即单纯并列连词和关联性并列连接词;(2)并列连词在并列项的位置,即前置和后置;(3)并列连词在所连接的分句中的语序,即先行和后续,及并列连接词的移位情况。其他方面的再分类,都是为分析这三个参项而服务,不是本文讨论的重点。

2.2.2.2　并列复句中连接词语义关系类型

(一)汉语并列复句的名称和分类

汉语分句并列是并列复句关系下的一个大杂烩。一方面学术界对并列复句的语义关系分类、名称等观点并不一致;另一方面,分句并列又跟已经划定的各种非并列关系有着这样或那样的偏离过渡关系。

表二　汉语并列复句的名称和分类

主编或著者	著作名称	出版时间	名称	语义关系类型
邢福义	《汉语语法学》	1996	并列类复句	1. 并列句 2. 连贯句 3. 递进句 4. 选择句
	《暂拟汉语教学语法系统》	1956	联合复句	1. 并列句 2. 选择句 3. 递进句
黎锦熙、刘世儒	《汉语复句新体系的理论》	1957	等立复句	1. 并列句 2. 进层句 3 选择句 4. 转折句 5. 承接句
	《中学教学语法系统提要》	1984		1. 并列句 2. 承接句 3. 递进句 4. 选择句
黄汉生	《现代汉语》(语法修辞)(修订本)	1989	联合复句	1. 并列句 2. 递进句 3. 承接句 4. 选择句 5. 转折句
王维贤等	《现代汉语复句新解》	1994	非条件复句	1. 并列句 2. 连贯句 3. 递进句 4. 选择句

续表

主编或著者	著作名称	出版时间	名称	语义关系类型
马真	《简明实用汉语语法教程》	1997	联合复句	1. 并列句 2. 连贯句 3. 对立句 4. 选择句 5. 递进句 6. 分合句
张斌	《新编现代汉语》	2002	联合复句	1. 并列句 2. 顺承句 3. 递进句 4. 选择句 5. 解注句
北大中文系现代汉语教研室	《现代汉语》	2004	联合复句	1. 并列句 2. 连贯句 3. 递进句 4. 选择句 5. 分合句

从表二可以看出：

1. "联合复句"的名称不一致

首先是"联合复句"本身的名称不一致。邢福义先生(1996)在《汉语语法学》一书中,坚持"复句三分系统",即把汉语复句分为"因果类复句"、"并列类复句"和"转折类复句",其"并列类复句"相当于"联合复句"。黎锦熙、刘世儒(1957)在《汉语复句新体系的理论》一文中,把复句分为"等立复句"和"主从复句"两大类,并说明"等立复句"即"联合结构的复句"。王维贤等(1994)著的《现代汉语复句新解》把汉语复句分为"条件复句"和"非条件复句"两大类,"非条件复句"属于"联合复句"。《中学教学语法系统提要》(1984)更主张取消"联合复句"和"偏正复句"这一复句分类层次,把汉语复句直接分为"并列"、"承接"、"递进"、"选择"、"转折"、"因果"、"假设"和"条件"八种,前四种属于通常所说"联合复句"。

其次,联合复句所属复句小类的名称也不一致。"连贯句"又叫"承接句"、"顺承句"、"递进句"也称"进层句","分合句"相当于"解注句"。范晓(1998)主编的《汉语的句子类型》把"注释复句"、"总分复句"置于"补充复句"之下,而"补充复句"与"联合复句"、"偏正复句"相并列。黎锦熙(1992)在《新著国语语法》(重排本)中所说的"平列句"其实就是"并列句"。

2. 联合复句所属复句小类的数量不一致

表二中联合复句的小类少则三类,如《暂拟汉语教学语法系统》(1956),多则六类,如马真《简明实用汉语语法教程》(1997)。从实质上看,《暂拟系统》的"并列句"实际上包括了"承接句",因此与《系统提要》一样,也是四种联合复

句。黎锦熙、刘世儒(1957)把“等立复句”的“细目”分为五小类,把传统上一般归入“偏正复句”(主从复句)的“转折句”也归入了“联合复句”。马真(1997)认为:“表示分合关系的复句至少包含三个分句,这一类复句实际上已是多重复句”,从这个角度看,“分合句”(“解注句”)应归入“多重复句”。马真(1997)分类中还有一种正反对举的“对立句”,其连词为“是……不是……”、“不是……而是……”等等,这种“对立句”可归入“并列句”。综上所说,我们把联合复句所属的复句小类归纳为两种:“并列句”和“选择句”。按逻辑关系可以跟词、短语并列一样归为“合取”与“析取”两大类别,“承接句”、“连贯句”、“递进句”以及“对立句”都可以看作是对“合取”类联合复句从不同角度的细分,汉语联合复句的小类和数量的差异关键在于此。

(二)英语并列复句的分类

英语并列句常称复合句(compound sentence),名称统一。英语两个分句之间,不论是用哪一个并列连接词,或用逗号和分号连接,也不管前后句子各表示什么意思,只要互不依从,不分主次时,一般均称为并列句,不再划分小类。英语并列复句的分类也主要围绕中心并列连词而展开。

表三　英语并列连词语义关系分类

主编或著者	著作名称	出版时间	并列连词语义关系类型
张道真、温志远	《英语语法大全》	1998	1. 联系,亦称“and 连词” 2. 选择,亦称“or 连词” 3. 相反,亦称“but 连词”4. 推论,亦称“so 连词”5. 解释,如 for 6. 列举,如 that is
王国栋	《大学英语深层语法》	2005	1. 累加:and 型 2. 选择:or 型 3. 转折:but 型 4. 推理:so 型 5. 解释:for 型 6. 举例:namely 型
宋京生	《汉、英连词关系范畴对比》	2002	1. 并列 2. 选择 3. 两非 4. 正反 5. 递进 6. 转折 7. 取舍 8. 因果 9. 比喻
章振邦	《新编英语语法教程》	2003	1. 以 and 为代表的表示语义引申的 2. 以 or 为代表的表示选择的 3. 以 but 为代表的表示语义转折和对比的
Bernard Comrie, Norval Smith	《Lingua 版语言描写性研究问卷》	1977	1. and-coordinate 2. but-coordinate 3. or-co-ordinate

从表三我们可以看出,英语并列连词语义关系的分类,归纳起来主要是两大派别:一是直接以英语的三个中心并列为依据,分为三大类;二是从三个中心并列连词到从属连词这一递差中各个半并列连词或准并列连词都分别代表一种语义类型,作具体分类。按照夸克等人提出的检验中心并列连词的六大句法特点,从并列到从属,具体每个连词所具备的这六大句法特点的多少也存在差异,因此并列连词这一语义关系分类的数量也存在差异。

从表三还可以看出,以 and 为代表的并列句和以 or 为代表的并列句也同样可以归为“合取”和“析取”两大逻辑关系类别,只是英语多了一类以 but 为代表的转折句。英语是形态和复句形式手段丰富的语言,并列和从属这两大复句的分类主要是从结构上作严格区分。英语用 although 和 but 连接的句子从意义上都可以与汉语语法学所说的转折复句相当,但 although 引导的则是从属分句,不能独立,必须与主句一起出现在同一个复句中。而 but 引导的是并列句,可以独立存在,如用在一个句号后,而不需要与转折前的分句出现在同一个复句中。这两类句子及相应的两个连词在英语语法系统中有完全不同的性质,这应该是 but 引导的句子归为英语并列句一个单独大类的原因。

(三)汉英并列复句中连接词语义关系类型的统一处理

基于指导本文的三条原则,(①照顾更多语言的实际面貌,从而增强跨语言的可比性;②分类系统能覆盖语言实际并具有尽可能强的操作性;③术语统一,概念层次清晰)我们主张将汉英分句之间的并列统称为并列复句,原来与选择、转折相对的并列复句统称为等立复句,这样汉英并列复句中的连接词主要有三大类型:即等立连接词、选择连接词和转折连接词。

1. 转折连接词

除了按常规的“合取”和“析取”两大逻辑关系类别,我们在等立型并列复句和选择型并列复句外,还增加了转折型并列复句。我们把转折句也划归并列复句,更是指导本文三原则的具体体现。

(1)照顾更多语言的实际面貌,从而增强跨语言的可比性

除了英语以外,我们还考察了属于印欧语系的法语、德语、俄语、意大利语的并列连词语义关系分类。

表四

语言	名称	语义关系分类
法语	并列连词	1. 并列：et 2. 选择：ou 3. 转折：mais 4. 推理：donc 5. 解释：car
德语	并列连接词	1. 并列，递进或扩展关系 2. 选择 3. 对立或转折 4. 因果，如：因此、从而 5. 时间概念如：最后、然后等 6. 让步 7. 比较 8. 表示限制，如：就这方面而言
俄语	并列连接词	1. 联合，如：И、НИ… НИ… 2. 对别，如：А、НО、ОДНАКО 3. 区分，如：ИЛИ、ЛИБО、ТО…ТО…
意大利语	并列连词	1. 系连词，如：e 和、anche 也等 2. 抑或连词，如：o 或、oppure 或者、ovvero 或者 3. 转折连词，如：ma 但是、pero 可是等 4. 解释连词，如：cioe 也就是、infatti 正是 5. 结果连词，如：dunque 于是、qiundi 因此 6. 相关连词，如：e... e...、又……又……等

从表四我们可以看出，法语、德语、意大利语和俄语并列连词语义关系分类和英语基本相同，也都将转折连词作为并列连词的一类。

另外，我们还考察了中国少数民族语言，在相当于汉语联合复句的语义关系分类中，从表五我们发现土家语、纳西语、哈萨克语、西部裕固语和佈依语都把相当于汉语单纯并列连词“但是”类连接的复句归为联合复句的一类或在联合复句的语义关系分类中，将转折关系复句作为联合复句的一类。

表五

语言	名称	语义关系分类
土家语	联合复句	1. 并列 ne^{55}“和”等 2. 选择 xo^{55}“或”等 3. 连贯 jiu^{35}“又”等 4. 转折，靠意合连接
纳西语	联合复句	1. 并列 nep“和”连接 2. 选择 np“还是”连接 3. 转折 nap“但是”连接
哈萨克语	并列复合句	1. 联合，用 ʤæneɥ“和”ɥ 等连接 2. 连贯，用 da“也、都、还”连接 3. 对立，用 biraq“但是”等连接 4. 选择，用 ja“或”等连接 5. 因果，用 sond？ qtan“因此”等连接
西部裕固语	并列复句	1. 递进关系 2. 连贯关系 3. 对比关系 4. 选择关系 5. 转折关系 6. 因果关系
佈依语	平列句	1. 用 zo^{4}“或”连接 2. 用 $mi^{2}çi^{6}$“否则”连接 3. 用 jie^{3}“也”连接 4. 用 $tain^{1}sɯ^{1}$“但是”连接 5. 用 $laŋ^{3}li^{4}$“还”连接

(2)分类系统能覆盖语言实际并具有尽可能强的操作性

基于汉语复句传统二分法,非此即彼的操作存在不少问题,邢福义先生(1996/2000, 2001/2002)一改汉语复句"联合"与"偏正"的二分系统,采用"并列"、"因果"、"转折"三分系统,这一并列概念分类法具有很强的操作性。邢先生将转折类复句作为与并列类、因果类相并列的一单独复句类型。排除突转、让步等的差异,凡是分句间存在逆转性,都是广义转折类复句。邢先生还指出,"所谓转折,有的是原因项和结果项之间的转折,即因果逆转,有的是并举项和并举项之间的转折,即甲乙逆转"。并作图表示:(邢福义 2001:50)

因果　　　|　　　并列

转折

图一

邢先生在《汉语语法学》中将广义的转折类复句分为突转式和让步式两类。这里的因果逆转就是让步式转折复句,通常简称让步句。语表形式上,前分句用让步标,预示后边将有转折。最典型的代表句式是"虽然……但是……"和"即使……也……"。例如:

<虽然>他们有很多发明创造,<但是>他们老师的功劳是不可磨灭的。

<即使>他们有很多发明创造,<但是>他们老师的功劳<也>是不可磨灭的。

让步式成立的关健是前分句用让步标。由于让步标已经预示将有转折,因而后边即使不出现转折标,也不影响让步句的成立,例如:

<虽然>他们有很多发明创造,他们老师的功劳也是不可磨灭的。

尽管没有出现"但是"之类的标记,但仍然表示先让步后转折。

上文提到的并举项和并举项之间的转折就是突转式转折复句。语表形式上,前分句没有预示转折的标志,后分句句首有以"但是"为代表的转折标。例如:

他有点发烧,<但是>也来上班了。

先说"他有点发烧",听者并不知道后边的话将是顺承还是逆接。因此,用"但是"所表示的转折,是没有转折预示的突然的转折。

类似的转折连词还有"可是、然而"等,"不过、只是、就是"也常常可以用来替换“但是”表示转折，但转折意味较轻。

关联副词“却”可以单用，也可以跟“但(是)”配合使用来表示转折。例如：

这个人火气大，我<却>喜欢和他共事。

这个人火气大，<但是>我<却>喜欢和他共事。（参见邢福义，1996/2000：358～359）

邢先生对汉语复句采用三分的并列概念分类法，无论是对汉语复句的验证，还是对汉语复杂语言事实的解释都有很强的操作性。通过上面的分析，他的广义转折类复句，下分的突转式转折复句和让步式转折复句，无论从语表上连词的使用，还是从分句间的语义关系，都可以分别归到联合复句和偏正复句。所以我们对汉语复句还是采用二分法，但我们的二分法又不同于传统的二分法，我们也反对传统上把转折类复句全部划归到偏正复句的做法，而是对邢先生的转折类复句一分为二，将突转式转折复句归为联合复句，让步式转折复句归为偏正复句。我们的转折型并列连词只包括仅在后分句出现的“但是”类连词。我们的处理既符合汉语实际，也便于并列连词的跨语言对比。

在英语中，也只有在后分句用 but 连接的转折分句才属于并列句。前分句用 although（虽然）连接的复句叫让步（concessive）复句，另属主从复句这个大类，其带 although 的分句是状语从句。与此相关，but 像 and 一样可以用来连接并列短语（a cheap but good car“一辆便宜但很好的轿车”），而 although 无此功能。

2. 等立连接词

最严格的等立型并列连接词连接的是在意义上平行，相互独立，没有相属、先后及其他逻辑关系的词、短语或分句。因此等立型并列连词连接的单位可以有超出两项，而且各分句之间可以互换位置而不影响全句意义（有时语序也许体现一些细微的语用含意）。汉语的等立型并列连接词相当于英语中以 and 为代表的并列连接词。相当而不是相等，这是因为在汉语普通话中不存在 and 那样的语义单纯、可以广泛使用的等立复合句连词。汉语中的等立型并列连词都有特定含义和用途，适用面较窄，实际使用率不高。如“并且”带有递进或补充说明的意思，“一边……一边”表示同时进行的两个行为，“一方面……另一方面”多用于对比的场合，而且音节繁多，不适于简洁的表达。与英语 and 最接近的等立型并列连词“和、跟、同、与”是组合性并列连词,不能用于连接等立分句。英语由 and 联结的真正意义上的语义平行,相互独立,没有相属、先后及其他逻辑关系的并列句,汉语是不用连接词的意合句,本文一律称为“平列句”。

在英语中,and 还是连贯关系并列复合句的连接手段,我们的等立型并列连接词也包括连接汉语和英语的连贯句和递进句的并列连接词。连贯句以按时间顺序为序排列的复句为典型,常常超出两个分句。汉语的连贯句可以出现许多分句而无需关联词语,称为“流水句”,但事实上在真实话语中仍常有虚化或半虚化的词语作为连接手段,而且使用频率不低,如北京口语中轻读的“完了”(如:我吃了碗面条,完了又吃了点水果,完了就靠在沙发上看电视了)、上海口语中的“挨下来”(字面义为“轮下来”。如:我吃勒一碗面,挨下来又吃勒眼水果,挨下来就咯[gE]辣沙发高头看电视勒)等。在更正规的语体中则有“接着”和关联副词“又、还”等。香港粤语则可以用“同理”连接顺承句,像英语一样用同一个连词连接并列短语、狭义的等立句和连贯句。而北京话“完了”、上海话“挨下来”只用于连贯类,不用于狭义的等立类,更不用于并列短语。① 英语的连贯关系并列复句一般还用 and 联结。

汉语的递进类并列连词要比英语丰富得多,既有单用的也有双用的。单用的,如:“而且”、“并且”、“况且”、“甚至(于)”等,合用的,如:“不但/仅/光/独/单……而且/甚至/并且”、“尚且……何况”等。英语只有合用的“not only…but also…”一个,单用的都是通过介词“besides”、连接副词“moreover、furthermore”、短语连词“as well as”等来连接。

3. 选择连接词

无论是汉语还是英语,选择型并列连词都可以分为相容式和析取式两类。相容是指所选各项可以兼容,析取是指所选两项非此即彼。前者可以多项选择,后者只能两项选择。例如:

(45)中国的亲权是无上的,那时候,就可以将财产平均分配给子女们,使他们平和而没有冲突地都得到相应的经济权,此后<u>或者</u>去读书,<u>或者</u>去生发,<u>或者</u>为自己享用,<u>或者</u>为社会做事,<u>或者</u>去花完,都请便,自己负责任。

---

① 转引自刘丹青:《语法调查研究手册》,上海教育出版社,2008 年第一版,第 132 页。

(46)这是一个什么女子？是天上的圣母下了凡，还是人间的媳妇遭了难？

例(45)是相容的多项选择，而例(46)是不相容的、非此即彼的二项选择。

汉语的相容式选择连词有“或者”、“或”、“或者……或者……”、“要么……要么……”等，英语相容式选择连词就一个“or”。汉语的析取式选择连词有“不是……就是……”、“是……还是……”等；英语也就一组“either…or…”。汉语选择连接词的选用还有句类的要求，如陈述句与疑问句，汉语陈述句用“或者”，例如：

(47)她或者是老师或者是学生。

汉语疑问句则须用选择连词“还是”，例如：

(48)她是学生还是老师？

而英语选择连词的选用，没有句类的限制和要求。

2.3　相关术语的统一

在中国语言学中，并列复句和偏正复句同属复句这个范畴，为复句的两大类。在西方语言学中，并列句常称复合句(compound sentence)，主从句或曰偏正句则归为复杂句(complex sentence)。前者每个分句都是相对独立的句子；后者中的从属小句只被看做主句内的句法成分，分为补足语从句(包括主语从句、宾语从句、表语从句等)、定语从句(主要是关系从句)、状语从句(条件句、原因句、目的句、时间句、让步句)等。其中只有含状语从句的句子约略相当于中国语言学的偏正复句，含前面两类从句的句子在国内都被看做单句。传统上印欧语言从句的标准是谓语用限定动词，而汉语动词限定、非限定的界限模糊。中国语言学的复句分类系统有汉语的一些客观原因，由于形态不丰富、虚词使用不严格，因此汉语无法像其他很多语言那样仅凭结构关系给复句分类，复句分类常常借助意义，并列句和偏正句的界限并不那么清楚。一方面偏正句的偏句并不一定有标明其从属性的手段，另一方面并列句的分句也不一定都有相对独立性，有些也受关联词词语约束，无法独立成句，如“不但他很高兴，而且我也为他高兴”。因此汉语很难做到处处严守并列—主从的两大分野，关键应设法使分类系统能覆盖语言实际并具有尽可能强的操作性。对于形态或复句形式手段比汉语严格的语言,则还是应当尽力在结构上区分这两大类。例如,英语用 although 和 but 连接的句子从意义上都可以与汉语语法学所说的转折复句相当,但 although 标记的是从属分句,不能独立,必须与主句一起出现在同一个复句中。而 but 标记的是并列句,可以独立存在,如用在一个句号后,而不需要与转折前的分句出现在同一个复句中。因此这两类句子及相应的两个连词在英语语法系统中有完全不同的性质。为了行文方便,汉英两种语言术语的统一,本文一律称"并列复句"和"主从复句",不再另文说明。

第三章

并列连接词的隐现

3.1 引言

隐性(overt)和显性(covert)是一对矛盾。语法上所谓的隐性和显性是指有没有外在的形式上的标记。从理论上来说,各种语言都有隐性和显性的语法范畴,按照萨匹尔·沃尔夫的说法,对比研究更主要的是要发掘各种语言的“隐性范畴”,对于构成并列结构的并列连接词来说亦然。

标记理论是布拉格学派的两位大师 N. Trubetzkoy 和 R. Jakobson 创立的,两者的观点有所差别。Trubetzkoy(1931,1939)最先将有标记和无标记的对立运用于音位学,认为音位有缺值对立(privative opposition)、级差对立(gradual opposition)和等值对立(equipollent opposition)这三种对立。Jakobson(1932,1939)只主张一种对立,即二分对立(binary opposition),一个成分要么是有标记的,要么是无标记的;“级差对立”最终也可以分解为若干个二分对立。他的贡献是把标记理论运用扩展到形态学。在形态学中,有标记和无标记的对立可以是一种包容关系,即有标记项肯定了特征 A,无标记项对特征 A 既不肯定也不否定,例如英语 woman“女人”和 man“人、男人”的对立,意义上无标记项 man 可以包容有标记项 woman 的所指,只是后者肯定了特征[阴性]。

一般来说,无标记项的分布范围要比有标记项的大。在某些对立消失(又叫“中和”,neutralization)的位置上出现的总是无标记项。在形态学中,无标记项的意义要比有标记项的宽泛，可以包容有标记项的意义，如 man 可以包容 woman 的意义。Lyons(1968:451)指出，意义上的有标记和无标记是个程度问题。例如，英语 dog"狗、公狗"对 bitch"母狗"而言无标记的程度很高，可以说 female dog"母狗"和 male dog"公狗"，但不能说 * female bitch(语义重复)和 * male bitch(语义矛盾)。

沈家煊(1999:25)在传统标记理论的基础上，汲取当今语言类型学发现的一些跨语言的标记模式，继承和发展了 Trubetzkoy 的标记三种对立，归纳出一种新的标记理论，主要有"相对模式"和"关联模式"、标记模式和"蕴涵通性"、标记模式和"语法等级"、标记模式和"典型范畴"这几个方面。

有标记和无标记的对立在语言分析的所有层次上都起作用，这叫标记现象的普遍性。除了在语音和形态(词法)上，在语义上如反义形容词"大"和"小"、"长"和"短"、"深"和"浅"的对立也是无标记和有标记的对立；在句法上，并列结构中并列连接词的隐匿与显现也是无标记和有标记的对立。

吕叔湘(1979)、朱德熙(1982)等把构成并列短语的结构形式分为两大类，一类是无标记的直接叠加；一类是有标记的组合。标记类别有：停顿、助词、连词、成对标记或重复标记。其实，停顿属于非言语手段，在句法表征上通过标点符号体现，从构成并列结构的词汇手段来说，也是无标记形式。我们所讨论的并列连接词显现，指的是通过广义的关联性词语，连接词与词、短语与短语、分句与分句而构成的并列结构。并列连接词隐匿指的是没有通过连接词语的连接，而是通过直接叠加、停顿、词汇或其他句式手段构成的并列结构。

以往汉语并列连词的研究主要集中在不同连词("和"、"与"、"及"等)的异同或用法，如周生亚(1989)，薛健(2002)，王薇(2002)，李晗蕾(2002)，李宗江(2002)等。近年来，有些学者对并列短语中并列连词隐匿(或称无标形式)进行了讨论，如储泽祥等(2001)，马清华(2005)，邓云华(2005)、(2008)，铃木庆夏(2008)等。在英语里，句子和句子之间的并列关系常常用 and，但在现代汉语里并列复句用"和"类连词的情况是比较少的。汉语中许多并列复句常常是任何连接词语都不用的。没有任何连接词语的并列复句，传统上称为意合句；依靠连接词语连接而成的则称为形合句。在汉语语法著作中，首先讲到意合句的是王力的《汉语语法纲要》。黎锦熙、刘世儒的《汉语语法教材》和王维贤等的

《现代汉语复句新解》对意合句都有详细论述。

综而观之，近些年汉语学界对并列连词的探索已经取得了许多成就。在研究层次上注重将语义研究与结构形式研究相结合，在研究重点上转向对并列词语中并列连词进行专题研究，可以说是成绩斐然。但是，就是目前并列短语中并列连词的研究中也还有许多问题要作进一步的探讨。仅就并列连词隐匿来说，人们会把什么样的两个成分直接叠加并列起来？并列组合的语义基础是什么？是否有句法环境的要求？什么时候通过停顿构成并列结构？意义相近的表达式在具体运用中如何选择？并列连接词隐匿的制约因素有哪些？等等。另外，复句内并列连词的隐匿，目前的研究中涉足甚少。前人对并列连词的隐匿研究都集中于现代汉语，因此有人甚至认为，并列连词隐匿是现代汉语的“特点”。这一章我们针对以上的这些问题，致力于从跨语言（或跨方言）的角度考察并列连词的隐匿与显现，通过跨语言比较寻求或验证并列连接词隐与现是否具有跨语言的普遍性，并列连接词的显现和隐匿具有哪些跨语言的共性特征与差异。

3.2　并列词语中连接词的隐现

3.2.1　并列词语中连接词的隐匿

3.2.1.1　并列词语的构成模式

现代汉语中由语法地位平等的两个或多个词与词、词组与词组组合而成并列词语通常又叫联合词组或联合短语。并列词语的构成方式我们在本章引论部分已有提及，有直接叠加，如：兄弟姐妹；再如：

（1）钱当然由他掏。什么猪耳朵猪尾巴猪蹄猪肠猪肝，全“高价”“进口”。（苏方学《两弹元勋邓稼先传略》）

例（1）中已经有“猪”字作为并列词语分界的标志，就不再需要停顿符号或连接词作为连接手段了。

通过停顿符号，如：

(2)桃树、杏树、梨树,你不让我,我不让你,都开满了花赶趟儿。(朱自清《春》)

(3)我们经历了、参与了、看见了一次雄伟壮烈的事件,这次事件必将改变我们的生存现状并深刻地影响未来。(张贤亮《挽狂澜》)

例(2)作主语的并列词语"桃树、杏树、梨树"由顿号来连接。如果要强调每一个主语,顿号也可改为逗号。例(3)作共同主语"我们"的并列谓语"经历了、参与了、看见了"也是通过顿号连接而成。

通过连接性词语连接而成的,即为有标记词连接,连接性标记词语有单纯并列连词、关联连词、代词、助词、副词等。通过直接叠加而成的和通过停顿符号连接而成的联合短语,从句法表征上找不到连接性标记词语,即为无标记词连接,我们称之为并列连接词隐匿;从句法表征上能找到连接性标记词语的,我们称之为并列连接词显现。这样,并列词语的构成模式有并列连接词显现和并列连接词隐匿两种。并列连接词隐匿模式也存在两种情况,即可添加连接词和不可添加连接词。如汉语中的四字成语,在韵律节奏上的和谐直接来自各单字的阴阳平仄的恰当搭配,连接词的添加有时反而画蛇添足,显得多余,例如:"荣华富贵"、"真心诚意"、"蛛丝马迹"、"排忧解难"、"聚精会神"等。添加并列连接词和不添加并列连接词,语义解释截然不同,例如:

(4)"水旱蝗汤",袭击全省一百一十个县。农民吃草根树皮,饿莩遍野。(刘震云《温故一九四二》)

(5)再说了,我这里鸡鸭鱼肉的什么都有,顺子在家里吃什么?(路一歌《地球人都知道》)

例(4)画线的"草根树皮",有两种可能的语义解释,一是"草根"和"树皮"字面指称意义,二是"任何勉强能吃的东西"。作第一种解释时,两并列项"树皮"、"草根"之间可以添加"和"类并列连词。作第二种解释时,两并列项"树皮"、"草根"都没有具体的指称对象,而是某一范畴领域(任何勉强能吃的东西)的"典型例示"(typical exemplification),(铃木庆夏,2008)作第二种解释时不能添加任何连接词。例(5)画线的"鸡、鸭、鱼、肉"如果择其字面意义,表示"鸡、鸭、鱼和肉"的具体所指,此时可以添加并列连接词"和";如果表示特定范畴(美味佳肴)的典型例示,则不能添加任何并列连接词。

如果列举的并列项后面用了省略号、出现了替代未列举部分的“等”或列举归总的“等等”的词语，则列举的任何并列项之间都不能再添加并列连接词，例如：

(6)在广州的花市上，牡丹、吊钟、水仙、梅花、菊花、山茶、墨兰……春秋冬三季的鲜花都挤到一起啦！

(7)联合国有汉语、英语、法语、俄语、西班牙语、阿拉伯语等六种工作语言。

(8)报章上满是关于“秋”的大小文章：迎秋、悲秋、哀秋、责秋等等。(鲁迅《新秋杂识(三)》)

(6)、(7)、(8)列举的并列项后面分别使用了省略号、替代未列举部分的“等”和列举归总的“等等”，因而，各列举并列项之间都不能添加并列连接词。

我们所讨论的并列连接词隐匿，为便于与并列连接词显现对照，我们取其广义，即可添加并列连词和不可添加并列连词都予以考虑。

英语并列词语的构成也有两种构成模式，即有连词连接(syndetic coordination)和无连词连接(asyndetic coordiantion)。这两种结构之间的区别在于有没有明显的并列标记词(and、or、but)。并列连词显现的如：brother and sister, hands and feet, eat and drink, here and there, two or three, marvelous but expensive car。

英语并列连接词显现是更常见的形式。因此，我们在谈到英语并列结构举例时，一般都举并列连接词显现的并列结构。但是，在以下几种情况下，英语并列连词一般隐匿，而是通过逗号“,”把并列项(conjunct)连接起来构成的并列词语。

(一)同时并举两个或多个并列项，英语也可以采用无连词并列形式：

(9) Slowly, stealthily, he crept towards his victim. ①

(10) Slowly and stealthily, he crept towards his victim.

(9)和(10)相比较，(9)的语气比(10)的语气更自然。

另如：

(11) What is soap like? What are its qualities, its properties, its characteristics?

---

① 例(9)、(10)转引自 Quirk, et al. A Comprehensive Grammar of the English Language, London and New York: Longman, 1985, p. 1266。

(二)为了加强语气而重复同一个词的时候,英语并列连词一般隐匿:

(12) It's very, very awkward. (= It's extremely awkward.)①

(13) It's far, far too expensive.

(14) He is an old, old man. (= a very old man)

(15) At first, you don't succeed, try, try, try again.

(三)肯定一项,否定另一项时,英语并列连词一般隐匿:

(16) I want this book, not that one.

(17) He did that work for love, not for money.

(18) It's James, not Marry.

(19) It was his mother, not his father, who said that.

以上几种情况都可以添加或还原并列连接词,并列连接词隐匿是为了特定的语用效果。但是,并列的单词、短语并不都是并列连接词隐匿的并列词语。如果能在某个结构中添加进 and、or 或 but 而很少改变原义,就说明这个结构是一个并列连接词隐匿的并列词语。正是由于这一点,连接词隐匿的并列词语才区别于其他结构。英语没有像汉语那样有不能添加并列连接词的直接并列情况,但在其他语言并列词语中依然能找到不能添加并列连接词的语并列。在亚洲、东欧和新几内亚,有种并列复合词(co-compounds 或 dvandva compounds)。(Wälchli. B., 2005)下面举例中的黑体部分就是并列复合词:

(20) a. "Are you maybe married already, captain? Got **wife-children** waiting somewhere?"

b. "However we can help our **father-mother** that is what it is for us to do."

(21) a. **T'et'a**. t-cora. t tu. s. t' kudo. v.

Father. **PL-son**. **PL** depart. PST. 3PL house. IAT

"Father and son went home."

"父子回家了。"

b. Vard. ine saj. sinze ruca. t-panar. ot.

---

① 例(12)至(19)转引自吕天石:《英语语法纲要》,江苏教育出版社,1984 年第一版,第 185 页。

slave. DIM take. PRS3SG > 3PL skirt. your-skirt. your

"① The slave girl will take you clothes."

"妈妈:不要在中途去游泳,(否则)奴隶女孩会拿走你的衣服。"

c. At'a. s kil'd. s-povd. s alasa.

Old: man. DEF harness. PST3SG-brdle. PST3SG horse.

"The old man harnessed and bridled the horse."

"老人套好马车、拴好缰绳。"

例(20)是印欧语系的印第安语,例(21)是乌拉尔语系的摩尔多瓦语。通过举例可以看出,并列复合词从结构上类似于汉语,如"父母"、"姐妹"和英语的合成词"air-conditioning"、"sit-in"等,语义上类似于汉语、英语的词语并列,它的意义是由语义相关且同层次的构成成分组合而成的整体概念意义。也就是说构成成分间的语义关系是并列的,不同于修饰性合成词,如 fingertip "指尖"、applepie "苹果派"等。我们把并列复合词也在这里稍作讨论,是因为它们与汉语并列连词隐匿的并列词语有密切的联系。

通过以上分析我们可以看出,汉语、英语的并列词语都存在并列连接词隐匿和显现共存现象。下面我们还将考察汉藏语系的一些其他语言、印欧语系的一些其他语言以及其他语系的一些语言中并列词语的构成模式,以验证并列连接词显现与隐匿共存具有跨语言的普遍性。

表一

语言	并列连词显现	并列连词隐匿	连词数量	备注
汉语	+	+	多	
阿依语	+	+	少	
锡伯语	+	+	多	
东乡语	-	+	少	不经常使用连词
哈萨克语	+	+	多	
仫佬语	+	+	少	词语并列连接词隐匿居多

① (The mother:) Don't go swimming on the way!

续表

语言	并列连词显现	并列连词隐匿	连词数量	备注
仡佬语	+	+	多	
满语	–	+	少	连词主要用于句子之间
傣语	+	+	少	不同词性的并列词语有不同要求
瑶族语	+	+	多	
普标语	+	+	少	只有并列连词,无从属连词
萨拉语	+	+	多	
速浪语	+	+	多	不同词性并列有不同要求
卡卓语	+	+	多	
布赓语	+	+	少	
景颇语	+	+	多	
纳西语	+	+	多	
水语	+	+	多	
仓洛门巴语	+	+	少	
错那门巴语	+	+	少	
土家语	+	+	少	
侗语	+	+	少	
毛难语	+	+	少	不同词性的并列词语有不同要求
畲语	+	+	多	
黎语	+	+	多	不同词性的并列词语有不同要求
阿眉斯语	+	+	少	
普米语	+	+	少	只一个并列连词;只有名名并列
阿昌语	+	+	少	不同词性的并列词语有不同要求
土族语	+	+	一个	只有名名并列
独龙语	+	+	少	一个,且常省略
义都语	+	+	多	
塔吉克语	+	+	多	
英语	+	+	少	
德语	+	+	少	
西班牙语	+	+	多	

续表

语言	并列连词显现	并列连词隐匿	连词数量	备注
法语	+	+	多	
意大利语	+	+	少	
俄语	+	+	少	
日语	+	+	多	

（“+”表示“此类存在于该语言中”；“-”表示“此类不存在于该语言中”；“多”或“少”表示在该语言中连词数量的“多”与“少”，大于三个的为“多”，少于三个的为“少”；“备注”是对该语言并列词语中并列连词的一些特殊情况的说明。）

从表一四十种语言并列词语中并列连接词的使用情况可以看出，并列连词显现和隐匿共存于绝大多数语言；并列连词隐匿比并列连词显现更普遍；并列连词的隐匿或显现受制于该语言的连词数量的多少。汉藏语系的一些语言如古汉语，连词很少，如东乡语，连词系统不发达，不论是词与词的连接还是句与句的连接，都不经常使用连词；再如仫佬语、满语、普米语、独龙语，连词不丰富，并列词语都是通过意合而不是通过形式手段来连接。并列连词数量的多少有两方面的原因，一是该语言连词系统的发展演化情况，如独龙语和普米语都只有一个并列连词；二是该语言形态变化的丰富程度，如印欧语系的大多数语言。如果一种语言连词系统发达，数量丰富，并列连词显现和隐匿都比较普遍，如汉语、锡伯语等；如果一种语言形态变化很丰富，则并列连词数量也相对会少些，并列连词也一般显现居多，如英语、俄语等。从并列词语的词性来说，主要是名名并列、动动并列、形形并列。名名并列居多，而且有的语言只有名名并列，如普米语、独龙语。名名并列一般都可以显现和隐匿共存，而动动并列和形形并列一般都要求用连接词连接、连副配对连接或副副连接，如速浪语、傣语、毛难语、阿昌语等。

3.2.1.2　并列连词隐匿结构的形式特征

汉语等语言并列词语连接词隐匿，有以下几种结构形式：

（一）二字结构

汉语二字结构从构成单位的词性看主要有名名并列（NN）、动动并列（VV）和形形并列（AA）。

汉语的二字结构名名并列（NN）、动动并列（VV）和形形并列（AA）有两种类型:一类是双音节合成词,如"父母"、"呼吸"、"寒冷"等都是由两个语素构成的双音节合成词,这些词在很多语言里都已经词汇化为一个单纯词,例如:

英语:

parent(父母)　sibling(兄弟姊妹)　hard(艰难)　steal(偷盗)

日语:

貧しい(まずしい)　呼吸(こきゅう)　騙す(だます)　寒い(さむい)

法语:

Les parents(父母)　le frère(兄弟)　l'ami(朋友)　duper(欺骗)

俄语:

космос(宇宙)　Холод(寒冷)　Просто(简单)　дышать(呼吸)

Обмануть(欺骗)

德语:

das Betrugen(欺骗)　nacheilen(追逐)　der Freund,-e(朋友)

eiskalt(寒冷)

一般情况下,英语里能够并列的最小单位是单词。然而,这个限制偶尔也有例外。有些常常形成对比并且和词根关系不太紧密的派生前缀可以并列:如 ante-(或 pre-) and post-natal, pro- and anti-establishment, sub- and super- human。与词根关系紧密的前缀不能并列:* im- and ex-ports。

另一类是简称的二字格复合词。汉语的简称不用连接词连接,译成英语要用并列连接词连接,例如:

汉语	英语
父子	the father and the son
中外	home and abroad
文史	literature and history
军民	army and people
鱼水	fish and water
妇幼	women and children
田径	track and field

英语复合词的构成成分有时候也可以通过省略其中一个构成成分而并列:

如 factory- and office-workers, sons- and daughters-in-law, hand-made and packed, out- and in-patients, psycho- and sociolinguistics。但在 toothache 和 headache 这样黏着性更强的复合词之间是不能这样并列的: * tooth- and headaches。

(二)三字结构

汉语的三字格并列词语并不是固定词组,而是为了表达的简洁、凝练而采用的一种语用手段,一般只见于某个行业或特定场合,所以不常见。从构成单位的词性来看也主要有名词性的,如:水电路;形容词性的,如:好乐多、麻辣烫;动词性的,如:管卡压、传帮带、盯管跟,等。汉语中的三字结构的并列词语在英语中不常见,翻译成英语也只能采取意译。如"麻辣烫"就可译成"hot hot hot",既符合原意,又符合英语的音韵,译成英语依然是无连词并列形式。

(三)四字成语

为了调节音节,使结构匀称,句子简练,并富有表现力,汉语中有丰富的四字成语。这些四字成语不用连接词连接,而译成英语都要用并列连词连接。四字成语的并列项数一般是两项,或者是四项,少数是三项并列的四字成语,主要有以下几种情况:

1. 由四个名词性、形容词性、动词性成分组成的四字格,汉语的四字成语一般都无连词连接,而英语一般都要用一个或两个并列连词,或用逗号隔开。例如:

汉语	英语
春夏秋冬	spring, summer, autumn and winter
日月星辰	the sun, the moon, and the star
花草树木	flowers, plants, and trees
男女老少	men and women, old and young
东西南北	east and west, north and south
酸甜苦辣	sour, sweet, bitter and hot
善恶臭美	right and wrong, good and evil
烧杀抢掠	burn, kill and loot
摸爬滚打	touch, crawl, trundle and stroke

2. 汉语里,同类型的或近义的两个双音节名词、动词或形容词组合在一起,

为了音节和修辞等方面的需要,两个词之间不用并列连词连接,英语要用并列连词连接。例如:

汉语	英语
科学技术	science ane technology
文学艺术	literature and art
交通运输	communication and transportation
白天黑夜	day and light
忠诚老实	honest and faithful
勤俭节约	hard-working and thrifty
调查研究	investigate and study
投机倒把	engage in speculation and profiteering

3. 汉语里,一些动宾词组,或重复动词,或重复宾语,不用连词连接,而英语必须用并列连词连接,例如:

汉语	英语
治山治水	transform moutains and harness rivers
统购统销	state monopoly for purchase and marketing
有声有色	full of sound and color
看书看报	read books and newspapers
买书卖书	buy and sell books

(四)临时四字格

汉语中的四字结构的另一种情况跟三字结构一样,是一种语用手段,用在特定行业或场合,如:军事上的"围追堵截",音乐方面的"吹拉弹唱",相声里的"说学逗唱",羽毛球运动的"抽吊劈杀",日常生活的"柴米油盐"等。这些临时四字格并列词语,翻译成英语必须用连词连接。

(五)多字结构

多字结构的并列跟三字结构和临时四字结构一样,是一种语用手段,把某个事物的一连串性状、动作或组成部分抽取出来并列在一起,一般一个字代表一个方面的意义,一起组合成一个整体意义。例如:日常生活的"柴米油盐醋",味觉的"酸甜苦辣咸",生活作风方面的"吃喝嫖赌抽",恶习方面的"坑蒙拐骗偷”，西藏和新疆暴乱中的“打砸抢烧杀”等。它们单独出现时一般是直接叠加形式，入句后也可以在并列项之间加上顿号。

英语也有类似的情况：英语的名名并列、形形并列、动动并列、副副并列、介介并列中，如果并列项是两个以上，可以是无连词并列形式，只是不能直接叠加而需通过逗号连接。例如：

（22）We had no friends, no family, no material resources. ①

（23）They kept talking, talking, talking all night long.

并列的英语形容词如果出现在定语位置，并列连词常常省略。例如：

（24）His clear, forceful delivery impressed his audience.

副词、介词也可以用于这种形式的并列，例如：

（25）They talked on, on, on.（ = continuously）

（26）The balloon went up, up, up into the sky.（ = continuously upwards）

（六）其他情况：以下两种情况虽然不是词或短语构成的并列结构，但在汉语里一般不用并列连词，而英语需用并列连词连接。

1. 英文的数字在“hundred”后面常要加一个“and”。英文虽然有“千”字，但可以说成多少个“百”，英文没有“亿”、“万”字，但都可以用“hundred”来表示。凡是有英文的“hundred”，后面就加上“and”。在几千的后面可直接接上几百，但千数后如无百数，只有个位或十位的数字时，也得用上一个“and”，而汉语的数字读法中都没有“和”等并列连词。例如：

386　　three hundred and eighty six

1860　　one thousand eight hundred and sixty

1068　　one thousand and sixty eight

96520　　ninety six thousand five hundred and twenty

2. 汉语里，谓语中连用两个或两个以上动词（或动词结构）说明一个主语。这些动作有时间先后的差别，即前边的谓语表示的动作在先，后边的谓语表示的动作在后，它们的格式是：主 ‖ 谓$_1$→谓$_2$。汉语里不用并列连词连接两个动词或动词结构，而英语里一般要用并列连词连接。例如：

---

① 例（22）转引自 Quirk, et al. A Comprehensive Grammar of the English Language, London and New York: Longman, 1985, p. 1314，例（23）1352，例（24）1335，例（25）、（26）1352。

(27)母亲站起身,出去了。(鲁迅《故乡》)

(28)Mother stood up and went out.

(29)(老通宝)拿起身边的长旱烟管恨恨地敲着脚边的泥块。(茅盾《春蚕》)

(30)Old Tung Bao picked up his long pipe and rapped it angrily against a clod of dry earth.

(31)巡警走近我说,"你自己雇车去,他不能拉你了。"(鲁迅《一件小事》)

(32)The policeman came up to me, and said, "get another rickshaw. He can't pull you any more."

例(27)先"站起身",然后"出去",例(29)先"拿起身边的长旱烟管",然后"敲着脚边的泥块",例(31)先"走近我",然后"说"。此类情况的汉语中,动作与动作之间不用并列连词连接,而翻译成英语的(28)、(30)、(32)里两个动作之间都用"and"来连接。

以上六种情况的前五种都是词或短语构成的并列结构,第六种情况虽不是词或短语的并列,但仍可以看作是句内成分。汉英词或短语的并列都有并列连接词隐匿形式,只是英语没有直接叠加并列形式。汉语并列词语一般是名名并列、形形并列、动动并列,而英语并列词语不局限于这三类词,还可以是副副并列、介介并列等。汉语的无连词并列形式的并列项之间一般不能添加并列连词,如果添加并列连词,则失去原来的表达效果,或者语义上大相径庭;英语连接词隐匿的并列词语都可以添加并列连词,只是表达效果或语义略有差异。汉语连接词隐匿的并列词语,其结构形式可以概括为三组:一、二字结构,二、四字成语,三、多字临时叠加的并列结构。根据构成成分的拆分自由度和替换自由度,汉语并列连接词隐匿的并列词语,结构有如下特点:

① 并列项结构对等:汉语连接词隐匿的并列词语,并列项之间一般结构均匀齐整和谐。

② 凝固性程度:二字结构 > 四字成语 > 多字临时叠加的并列结构(" > "读作"高于")。

③ 能产性程度:多字临时叠加的并列结构 > 四字成语 > 二字结构(" > "读作"大于")。

凝固性程度和能产性程度等级序列说明了二字结构凝固性最强,因为二字结构多为合成词,不可随意拆开使用;四字成语凝固性较强,因为它们从结构上已约定俗成,基本不能拆开。有些可以拆开使用,但意义的表达程度、表达效果有所减弱;多字临时搭配的并列结构的凝固性较弱,使用上比较随意,根据表达需要,可增加或减少并列项。因此,从构成方式上,二字结构和四字成语采用无连词并列的方式,而多字临时搭配的并列词语同英语并列词语一样,并列连接词既可以隐匿也可以不隐匿,而语义不会有大的改变。

3.2.1.3　并列连词隐匿结构的语义特点

(一)汉语直接叠加构成的并列词语的语义特点

汉语并列关系的四字成语,其语义的整合性,大家都非常熟悉。对于多字临时直接叠加构成的并列词语的语义特点可以通过以下举例看出。

(33)她眼睁睁地看着这些和她一起干活、被她称作大爷大娘大哥大嫂的老乡,一个一个从她屋里洗劫而去。(郑万隆《天网》)

(34)他家在西门大街开了间饮食小店,专卖包子馒头。(陆明《拳师》)

(35)出门也行,像你这身体,得多穿衣裳,棉裤棉袄。(《中国相声精粹·老老年》)

(36)但大家对他的习惯爱好已经有所耳闻。(程宪涛《你的位置在哪里》)

通过以上举例可以看出,某一范畴是由有限成对或成组的事物构成,列举项便可以采用直接叠加的形式。如(33)的亲属称谓范畴都是由成双成对的成员构成,所以常常采用直接叠加的"AB"列举。(34)、(35)、(36)划线部分几个并列项所形成的范畴是由一组事物构成,按照中国的社会文化或常识,提及"A"马上联想到"B",即"A"和"B"语义上很相关,"A"和"B"很容易直接结合形成一个整体概念,所以"A"和"B"之间采用直接叠加的方式。

再看以下几例:

(37)阿福,再也不是以往那个穷阿福了,他现在手机摩托俱全。(林荣芝《单日双日》)

(38)全体成员请注意,大家一律到陈家祠堂高地集合,老人妇女搭棚子,男劳力抄家伙筑堤埝。(蔡楠《1963 年的水》)

例(37)、(38)的画线部分不同于例(33)至例(36)的划线部分,例(33)至例(36)这四个句子中画线部分语义基本上可以按其字面义理解。例(37)、(38)中直接叠加的"A"、"B"两项,如"手机"、"摩托"分属不同的语义场,"手机"所代表的语义场是"现代通讯工具",而"摩托"所代表的语义场是"现代交通工具"。由于这两个并列项受制于"阿福,再也不是以往那个穷阿福了"这一语境,从而它们被这一语境强拉到一个新的语义场"农村富裕的象征"。也就是说,在这个特定的语境下"手机"、"摩托"已不是原来的字面指称对象,而是通过隐喻概括而形成一个表示另外事物的新范畴。"手机"、"摩托","老人"、"妇女"只是新范畴(或上位概念,"农村富裕的象征"、"首先需要照顾的群体")下的典型例示(typical exemplification)。(铃木庆夏,2008)

(二)汉英通过停顿符号连接构成的并列词语的语义特点

(39)我们姐弟几个都很高兴,买种,翻地,播种,浇水,没过几个月,居然收获了。(许地山《落花生》)

(40)小女孩觉得自己好像坐在一个大火炉前面……火烧得旺旺的,暖烘烘的,多么舒服啊!(安徒生《卖火柴的小女孩》)

例(39)、(40)都出自散文,应文章风格需要,例句中的并列词语之间都用逗号连接,达到特定的修辞效果。例(39)这四个动宾短语通过逗号连接,给人一种明快利落的感觉;例(40)是两个形容词短语在补语位置并列,突出寒冷的冬天坐在火炉边的舒服、自在的感受。英语也有类似的用法,例如:

(41) Individuals are less troubled by feelings of guilt when they share responsibility for killings with a group —— a street gang, lynch mob, terrorist organization. ①

(42) In the country there was no honking horns, no diesel trucks, no pollution.

例(41)、(42)中的画线部分是多个词语并列,都是用逗号连接,没有出现并列连接词,在修辞色彩上也给人以明快、利落的感觉。

(43)那山川、河流、树木、房屋,全都笼罩上了一层白茫茫的厚雪。(峻青《瑞雪图》)

(44)冷冰川也叫大陆性冰川,它是发育在地势高、气温低、降水少的大陆性

---

① 例(41)、(42)转引自章振邦:《新编英语语法教程》,上海外语教育出版社,2003 年第 3 版,第 506 页。

气候条件下的冰川。(韩爱敏《漫话冰川》)

例(43)中多个并列主语通过顿号连接,作者一一列举,世界之大,不可能全部罗列,后面用一个副词"全都"概括了一切。(44)是多个定语的并列,用顿号连接,也许大陆性气候就这几个特点,也许还有其他。

(45) The noise got louder, louder, louder…①

(46) Mrs Varley sold sweets, chocolate, toffee apples——anything a child could desire.

例(45)、(46)中多个词语的并列,也是采用的逗号或顿号连接,没有连接词出现,都是表示无限制的列举。

另外,汉语中还有种独特的情况,同一个句子里,词语并列,既可以通过逗号或顿号连接,也可以通过直接叠加构成并列结构,例如:

(47)在进了局子的表现上,他们比小偷、流氓之类的小角色相去太远,简直会令小偷流氓瞧不起。譬如说,小偷流氓被抓到局子里后,证据确凿,他们一般就会认罪,神态比较镇定自然,很少有哭鼻子求饶的。(瓜田《贪官与小偷之比较》)

例(47)中同样的并列对象,虽都是无连词并列,却也用了不同的连接方式,刚开始用顿号连接,"小偷、流氓"与"之类"同现,发话者只是简单例举,心目中也许还会有"毒犯"、"赌棍"等能够与"小偷"、"流氓"相提并论的列举对象;而后面直接叠加的"小偷流氓"是前面列举对象"小偷、流氓之类"的照应形式,后面直接叠加的"小偷流氓"已经范畴化为一个新的概念"不务正业的惯犯","小偷流氓"中的"小偷"、"流氓"已不再是个体所指,而是这一新范畴概念下的典型例示。发话者前面的罗列并举"小偷、流氓"是对听话者或读者的明示刺激(manifest stimulation),以激活听话者或读者"小偷流氓"所代表的新范畴概念,从而发话者和听话者达到相互映现(mutually manifest),共同形成这一认知框架。(何兆熊,2000)

又如:

(48)老娘:"还不是逃荒。你二老娘一股人,三老娘一股人,都去山西逃荒

---

① 例(45)、(46)转引自吕天石:《英语语法纲要》,江苏教育出版社,1984 年第一版,第 206 页。

了。现在你二老娘、三老娘早已经不在了。”二老娘死时我依稀记得，从一九四八年当到一九七二年，竟没有置下一座像样的房子，被村里人嘲笑不已。放下二老娘三老娘我问：“老娘，你呢？”（刘震云《温故一九四二》）

例（48）也采用了和例（47）一样的语用策略，先将描写对象一一罗列，以对听话者或读者明示刺激，激活听话者或读者对罗列对象所形成的新范畴概念（失败的上一辈），以达到相互映现，交际得以成功。

综观直接叠加构成的并列词语和通过停顿符号连接构成的并列词语，其语义具有以下共性特点：

① 并列项词性相同：连接词隐匿的并列词语并列项词性必须相同，即都是同类并列。

② 并列项语义共核：并列项的语义内容具有共同的特征、属性。

③ 并列项语义同级：并列项在语义层级关系中处于同级，即并列项具有最直接的上位和下位概念。

④并列项语义相关：即使并列项之间没有直接的语义共核，在特定语境（context）或某一框架（frame）下可将并列项之间的语义相关特性重构或范畴化为一个新的上位概念。

3.2.1.4 制约并列词语中连接词隐匿的因素

前人大多把连接词也看作一种语言标记，只是有标记和无标记二项对立的形式中，有标记形式的范围要广些，包括所有连接手段和标点符号。对并列标记隐匿原因的探讨从认知、语用角度的研究颇多。张敏借鉴 Haiman 的距离象似动因（Givón 称为“相邻原则[the proximity principle]”）理论对标记隐匿的原因给予了阐释：“语言成分之间的距离反映了所表达的概念成分之间的距离。认知或概念上相接近的实体，其语言形式在时间和空间上也相接近。”（张敏 1998:222）并认为标记的隐匿可以看作形式上距离的大小，并列项之间的语义接近程度与形式上的距离（有无标记）可以相互验证，遵循距离象似原则。储泽祥等（2002）、马清华（2005）都主张并列标记的有无基本上是句法距离大小的反映，即：并列项之间的语义距离、心理距离（psychological distance）大或语义接近性程度（proximity）低，并列结构就采取有标形式；并列项之间的语义、心理距离小或语义接近性程度高，并列结构就采取无标形式。邓云华(2005)从语义、句法和语用三方面探讨过标记隐匿的制约因素,他们的“标记隐匿”仅指并列项直接叠加而成的并列结构,不包括由停顿符号连接而成的并列结构。铃木庆夏(2008)对“并列标记——距离标记说”采取更加慎重的态度,从语用角度提出“并列标记——主观性标记说”,倾向于认为并列标记的有无更多基于发话者的主观性,即发话者如何解释他所关心的语义对象。

Okumura 和 Muraki(1994)、Agarwal 和 Boggess (1992)对英语并列词语的研究, Kurohashi 和 Nagao (1994)对日语并列词语的研究,周强(1996: 37 ~ 40)和孙宏林(2001)对汉语并列结构的研究,也都是基于“并列成分相似”这样的语言学假设。汉语语言研究也认为并列成分是相似的:吴竞存、梁伯枢(1992: 162)指出,词性相同、结构相同、语义类相同、音节数相同的项并列是最理想、最严格的并列。然而不幸的是,我们对“并列成分相似”、“语义接近性”、“心理距离”这些概念却是模糊而不清晰的,什么样的成分和什么样的成分在什么样的条件下可以直接无连接词并列,我们并不是那么确切地知道。上述研究暴露出来的共同问题是,对并列连词隐匿结构的构建不具有很强的实际可操作性。鉴于此,我们重新从音节、语义、逻辑关系、语用四个方面考察汉语句内成分并列结构连接词隐匿的制约因素。特别是在语义方面,我们采用词语语义特征分析法,过程简洁明了,且有很强的实际可操作性。

(一)汉语音节因素

构成汉语并列词语的基本条件,有一条就是针对音节数的,一般都要求音节数相同。(赵元任,1979:140,吴竞存、梁伯枢,1992: 162)但并不是只要音节数相同的并列项,就能通过并列项的直接叠加构成并列词语,这类并列词语一般以并列项单音节和双音节居多,也有少量三音节的。这种三字结构一般都已经熟语化,且大多在状语位置,如:

(49)她<u>东家长西家短</u>地说个没完没了!

(50)她看见他<u>歪鼻子挤眼睛</u>地对她做鬼脸。

同样,如果一个英语并列结构由四个或四个以上项目构成,常用成对组合的办法使整个结构更加紧凑,读起来抑扬顿挫。

(51a) Only a few cities are known as “good baseball towns”——<u>Cincinnati,</u>

Detroit, Chicago, Boston, Los Angeles, and New York. ①

(51a)中的六个并列项目可以重新组合为三个平行的并列结构,如(51b):

(51b)Only a few cities are known as“good baseball towns”——Cincinnati and Detroit, Chicago and Boston, Los Angeles and New York.

如果汉语并列结构并列项是四音节词,则并列项之间就不能直接叠加构成并列短语,而必须得添加停顿符号或连接词,如:

(51)艳阳高照、秋高气爽的日子已经来临,好好享受这难得的好天气吧!

(52)参加人员有国民党员、共产党员和无党派人士。

并不是并列项音节数不等就不能构成并列结构,只是音节数不等的并列各项可因节奏失衡导致无法直接叠加构成并列结构,如没有例(53)a、和例(54)a这样的并列项直接叠加并列结构。对于这种情况可通过添加停顿符号来延长音节数少的并列项的读音时间,使得音节数多的并列项和音节数少的并列项的音长基本平衡,这样通过直接叠加无法构成的并列结构也会因此而变得合法,如可以说例(53)b 和例(54)b。

(53)a. * <我><他弟弟>　　b. <我>、<他弟弟>

(54)a. * <他弟弟><我>　　b. ? <他弟弟>、<我>

例(53)b 中的分隔符号对结构关系的并列性质而言几乎是个必要因素,因为例(53)a 在随意口语里可被理解为判断动词音节脱落的句子,容易理解为“<我>是<他弟弟>”;(54)a 因为没有分隔符号也容易理解为同位关系。(马清华,2005:72)二项并列因为音节平衡的原因,一般趋于将音节少的并列项放在前,形成定序,所以(54)b 不常见。而音节数不等的多项并列结构不受语序的影响,只是不同的排序对非定指并列项形成不同的辖域,有不同理解,如:

(55)a. 他弟弟、我、小张　　b. 我、小张、他弟弟

(56)a. 他弟弟、小张、我　　b. 小张、他弟弟、我

(57)a. 我、他弟弟、小张　　b. 小张、我、他弟弟

(55)b、(56)b、(57)b 中的“他”受“小张”的管辖,只能前指“小张”,和前指其他的(55)a、(56)a、(57)a 不等值。

---

① 例(51a)转引自章振邦:《新编英语语法教程》,上海外语教育出版社,2003 年第 3 版,第 508 页。

(二)逻辑关系

从并列项的相互逻辑关系来说,并列结构有合取式和析取式两种。合取式并列是指并列各项语义共存,相互补充,可以在单一事件中同时实现或选取。例如:

(58)今年的苹果大、圆、红、甜、脆!

(59)我们的部队,我们的战士,我感觉他们是最可爱的人。

(60)我昨晚唱歌跳舞去了。

这三句中的形形、名名、动动并列,根据各句子并列项的逻辑关系都是合取式并列,且并列连词都可以隐匿。

析取式并列指若干并列项中至少有一项存在。析取式并列又有相容析取和不相容析取两种情况,例如:

(61)在数量上、质量上该厂生产的产品都有很大的提高。

(62)茅台、五粮液我从来没尝过。

(61)、(62)中的并列项"数量、质量","茅台、五粮液"都是无连词连接构成的并列关系。若要在并列项之间添加并列连词的话,添加"和"、"或",两者意思都差不多,也就是说合取关系的并列连词和相容析取关系的并列连词有交替使用的现象。吴静、石毓智(2005)注意到汉、英语中都有合取和析取并列连词交替使用的现象,从句法分布来说,主要有否定结构,肯定式和否定式的对举,表示不确定的否定、假设、疑问结构三种情况。她们还详细分析了汉英合取和析取并列连词"混用"的逻辑基础。郭曙纶、孙镭(2008)分析了现代汉语"和"、"或"替换关系,指出只有"或"连接的并列项前后表示的是相容析取关系,"和"、"或"才可以相互替换,"或"表示不相容析取关系时,不能与"和"替换,他们也对这种替换关系作了命题逻辑解释。

不相容析取关系的并列项之间是某种程度的语义排斥或对立,它们一般不能在单一事件中同时实现或被选取,所以不相容析取关系的并列项之间一般都要通过并列连词连接。但是也有并列连词隐匿的情况,如:

(63)萝卜、白菜各有所爱。

(64)有事没事他一天总要找我几次。

(63)、(64)中"萝卜、白菜","有事没事"并列项之间的并列连词隐匿,表示的逻辑关系都是不相容析取关系,这种关系的语义排斥性或对立性主要通过时空交替或语义选择来维持。

由此看出,逻辑关系对句内成分并列结构并列连词隐匿的制约性程度可表示为:不相容析取式>相容析取式>合取式(“>”读作“制约性程度大于”)。

(三)语义因素

对于制约并列连词隐匿的诸因素中,语义因素一直以来是讨论最多也是分歧最多的因素。因为语言的语义分类体系不同于生物科学的物种分类,后者具有科学客观的依据,而前者却具有一定的个体主观性和随意性。吴竞存、梁伯枢(1992:162)指出,词性相同、语义类相同是构成并列结构的最基本因素。储泽祥等(2002)、马清华(2005)都主张并列标记的有无基本上是句法距离大小的反映,即:并列项之间的语义距离、心理距离(psychological distance)或语义接近性程度(proximity)。我们认为首要的问题是语义约束需要基于一个完整的语义分类体系,否则,“语义距离”、“接近性程度”、“语义类相同”都将会是模糊不清、摇摆不定的。如果语义分类体系在语义范畴的设定上存在诸多不一致性,在不一致的语义范畴上谈论“同语义类并列”,结果必然是不一致的。另一方面,语义分类体系都是层级结构而非扁平结构,例如“事物”下分“具体事物”和“抽象事物”,“具体事物”下又分“生物”和“非生物”,那么我们在哪个层级上定义“同语义类”呢?

我们认为语义分类体系的建立,必须得基于语义知识的两种类型:一种是所谓范畴型知识,即可以表述为“属性:值”(即复杂特征集)这种形式的知识;一种是所谓规则型知识,即可以表述为“条件→动作”(即产生式规则)这种形式的知识(詹卫东,2001)。比如说,在一部语义词典中,一般都记录有下面这样的信息:

饭:=[语义类:可食物,物态:固体];酒:=[语义类:可食物,物态:液体];方:=[语义类:物形];喝:=[语义类:获取,论元:2]{施事:[语义类:动物|人类],受事:[语义类:可食物,物态:液体]}。

正是这些以“属性:值”形式记录的范畴型语义知识的集合决定了语义特征范畴。凡是具有相同“属性:值”的词语都一定属于同一语义范畴。并列连接词隐匿的并列词语的并列项除了不仅要属于同一语义范畴,而且还要属于某一语义范畴的同一层级。也就是说连接词隐匿的并列词语的并列项具有最直接的上位词和下位词。不属于同一层级,并列连接词都不能隐匿,否则无法构成并列关系,如:

(65)a. 狗尾巴(定中) b. *狗、尾巴 c. 狗和尾巴

(65)a 中的"狗"和"尾巴"不在同一范畴,直接组合形成的是定中关系;(65)b 虽然前项和后项之间有顿号分开,丧失了形成了定中关系的可能性,但依然很难构成并列关系,只能如(65)c 通过并列连词将前后项连接构成并列结构。

为了更直观地说明并列词语中并列项的同一层级性,我们可以借助句法学的中心语理论。中心语(head)是当代句法理论中的一个核心概念,扩展的短语结构文法(GPSG)、中心语驱动的短语结构文法(HPSG)都把中心语摆在了重要的位置。(Jie Xu,2003)中心语是其母亲节点句法语义特征的集中体现者,因此并列项的同级性也应该集中体现在各并列项的中心语上。(吴云芳,2005)这里所说的"中心语"就是并列项母亲节点的"属性:值",即并列项的共享"属性:值"。

我们还可以通过比较并列项共享"属性:值"的多少来决定是否可以不通过并列连接词来构成并列结构,并列项共享"属性:值"越多,并列连词隐匿的可能性越大。如,a. 老虎、b. 鸽子、c. 狮子、d. 燕子,它们都是"动物"的下位词。通常 a 和 c,b 和 d 没有并列连词连接也可以构成语并列结构,而 a 和 b,c 和 d 如果没有并列连词连接一般都很难构成语并列结构,除非用于特定的语境,否则即使不算错,也觉得很怪异。a 和 c,b 和 d 之所以即使没有并列连词连接也能构成语并列结构,是因为它们之间共享的"属性:值"最多。

实际上,以"属性:值"形式记录的范畴型语义知识又包括两种情况,一种可以称为简单范畴型语义知识,刻画的是一个对象的基本语义属性(上面以"[ ]"括出的内容),比如[语义类:可食物];一种可以称为复杂范畴型语义知识,刻画的是两个以上对象之间的基本语义关系(上面以"{ }"括出的内容),比如用来描述动名语义约束关系的{施事:[语义类:动物|人类]}(这里"|"表示逻辑上的"或"关系)。不难看出,复杂范畴型语义知识的"属性:值"形式表示中,"值"是用若干简单范畴型语义知识来刻画的。

对于连接词隐匿的并列词语的语义制约因素,我们除了有上面所说的范畴型语义知识,同时我们还得有下面这样的规则型的语义知识:如果一个名词的语义性质跟一个动词的受事论元的语义要求吻合(条件),那么该名词可以跟这个动词组成“动作—受事”的组合形式(动作)。显然,上述范畴型语义知识加上规则型语义知识,可以用来说明“吃苹果”(能说)和“吃汤”、“吃圆”(不能说)之间的差异。属于同一语义范畴的词语之间形成的是一种聚合关系,而通过规则性的语义知识,词语之间建立起来的是一种组合关系。但是哪怕是词性相同、语义范畴相同的词语之间也能形成组合关系,如:a. “蟹黄”和 b. “包子”都是“食物”这一语义范畴的两个下位词,但是 a、b 之间得通过停顿符号或通过连词连接构成并列结构。因为 a 和 b 之间还可以形成组合性关系,如果 a、b 直接叠加构成的不是并列关系而是定中关系。即使通过顿号连接,也很难形成并列关系,除非有特定的语境,表示列举。然而,将 a 和 b 的语序交换,解除了可能存在的组合关系,则能构成无连词形式的并列结构。也就是说,同属某一语义范畴的并列项只有在并列项之间没有组合性关系的前提下才可能构成并列连词隐匿的并列词语。

上文“蟹黄”和“包子”之间既可以构成并列关系,也可以构成定中关系。词语之间不同语义关系范畴的形成其实也是不同语义特征的选择组合。“蟹黄”和“包子”之间如果构成的是定中关系,则“蟹黄”和“包子”之间是一种构件关系,“蟹黄”是作为食物之一“包子”的组成成分。“蟹黄”和“包子”之间如果构成的是并列关系,则“蟹黄”和“包子”之间是一种协同关系,“蟹黄”和“包子”都被看作是“食物”概念下的同级品种。(马清华,2005)其实,语义关系范畴除了包括语义论元范畴、语义角色范畴还包括语义关联范畴。所谓语义关联范畴指的是意义上有联系,容易使人产生联想的一群词汇集。(王文斌,2001)具体来说就是指以某一概念为中心,很容易联想到的与其有直接相关的其他概念,然后聚集在一起就构成语义关联范畴。凡是具有语义直接关联的词语之间都能构成并列连词隐匿的并列词语。一般来说,由成组、成对成员组成的集体,其成员都具有语义关联性。如“叔叔”、“阿姨”、“姨父”、“姨妈”这四个词语中,“叔叔”、“阿姨”之间,“姨父”、“姨妈”之间,语义上最直接关联,一般可以直接关联。而“叔叔”与“姨妈”,或“阿姨”与“姨父”之间一般都要通过并列连词连接，而很难直接构成并列结构。同属语义关联范畴的词语之间并不一定属于同一语义范畴。当并列项不属于同一个语义类时，很多并列结构的并列成分呈现出语义上的相关性，激发起人们头脑中的相关联想，从而形成可接受的并列连词隐匿的并列结构，如“作家”、“作品”，二者不属于同一语义范畴，但语义上直接相关，因此可以直接构成并列结构，而不需要通过并列连词连接。

(四)语用因素

受语义因素制约而形成的无连接词并列结构，其并列项之间都属于同一语义范畴，且属于同一语义层级。即便不属于同一语义范畴，并列项之间也具有语义相关性。语用制约因素是指即使词语之间既不属于同一语义范畴、不在同一语义层级，也不具有语义相关性，说话者依然可以根据自己的需要，在特定语境下，将若干个词性相同的词语重构、隐喻概括为具有共享“属性:值”的新事物范畴或语义相关的一个整体概念。

在特定的语境或行业领域内，原本不属同一语义范畴的词语也可以共同来表达某个事物的一连串性状、动作或组成部分。人脑思维中容易同时激活同一语境(context)或同一框架(frame)下的不同概念，不同语义范畴并不能妨碍这种激活，情境或框架足可以成为激活因子(trigger)。例如，面对“商业事件”这一情境，人们很容易联想到买主、卖主、商品、钱以及买、卖的行为(Fillmore，1982)。又如，面对“医疗行为”这一情境，人们很容易联想到医生、护士、医院、疾病、费用等等相关概念(董振东、董强，2000)。不同语义范畴的词语因为处于特定语境或框架，语义方面也就具有了相关性，因此可以形成可接受的并列结构。而且，为了表达的简练、概括、精要，相关概念在一定的语境下还可构成无连词连接的并列结构。如“管”、“卡”、“压”这三个词同作动词也不在同一语义范畴，但如果用来描述官场上的官僚作风，它们之间就具有了语义相关性，即使没有并列连词连接，我们也容易接受、理解。再如“抽”、“吊”、“劈”、“杀”这四个动词也不在同一语义范畴，如果没有任何语境，它们很难组合在一起。但是，在羽毛球运动中，它们彼此间具有了语义相关性，因而可以构成无连词并列结构。储泽祥(1999)把这种“连用”手段看作是一种语法手段，我们认为这种“连用”手段具有极强的临时性或行业性，很难固化下来具有使用上的普遍性，因此还只能算作语用手段。

通过隐喻或泛化等途径,同一范畴的词语可以处于同一层级,语义不相关的词语可以变得语义相关。人脑思维容易激活同一语境或同一框架下的不同概念的相关语义元素,提取并整合这些相关语义要素,形成有共核义素的一个整体概念。如"粗"本来是具有空间属性的形容词,如果用来描述话语性状,则表示"不文雅"的意思;"白"本来是具有颜色属性的形容词,也可用来描述话语性状,是"通俗易懂"的意思。从内涵义来说,它们不在同一范畴,因此,它们之间只能通过连词连接构成并列结构,如"又粗又白的大腿"。如果它们用来描述话语性状,则在同一语义范畴,可以构成无连词并列结构,如"他的话虽粗白,但说得很到位"。再如例(37)中的"手机"、"摩托",前者是现代通讯工具,后者是现代交通工具,二者不在同一语义范畴,但通过泛化,它们都是一种现代工具,在"阿福,再也不是以往那个穷阿福了"这一言内语境下,它们共享"农村富裕标志"这样的"属性:值"。在这一语境下,"手机"、"摩托"正是形成这一共享语义特征的依据。这些不同语义范畴的词语因在同一个语境下共存而可形成并列,并列的词语通过不同的方式"指引"(index)或是"唤起"(evoke)相同的语义特征。(吴云芳,2005)

基于语义因素制约的语义范畴相同是一种聚合型的语义关系,而基于语用制约的情境的语义相关其实也是一种组合型的语义关系。总的说来,汉语连接词隐匿的并列词语受到上述五种因素的影响和制约,它们在不同层面对连接词隐匿的并列词语的形成起着不同的作用。它们是影响制约汉语并列词语连接词隐匿的几种重要因素,但绝不是仅有的几种因素,其他因素的存在还有待于我们进一步的探索和研究。

3.2.2 并列词语中连接词的显现

3.2.2.1 并列词语中连接词显现的类型

正如3.2.1所指出的那样,并列词语无连词并列形式分为绝对无连词形式和可有可无两种形式,汉语和英语并列词语的有连词并列形式按照并列连接词的加用是任选的还是强制的,也可以分为并列连接词可有型和必有型两种。

(一)可有型并列连接词

汉语中连接词隐匿的并列词语,除了同言并列,其余都可以转换成连接词显现的形式,只是有连词和无连词在语义上或表达效果上有差异。如汉语语义并列的四字成语“车水马龙”、“光宗耀祖”、“书香门第”,因其语义的约定俗成性、整体性,一般不能随意拆分开来,如果并列项之间用并列连词连接则会改变词义或表达效果。英语中所有连接词隐匿的并列词语都可以变成有连词并列形式,只是前后表达效果有所差异,如例(25)、(26),无连词的反复性并列表示特殊的、戏剧性的强调。英语并列的形容词如果出现在定语位置,常常采用无连词并列形式,如果采用有连词形式并列,语义上也与无连词并列有很大差别。例如:

(66) His <u>clear, forceful</u> delivery impressed his audience.

例(66)中的无连词并列结构是组合性的,并且属于非限制性修饰。它比有连词并列更具有这样的含义,即“……是清楚的,甚至可以说是有力的”。但是,如果中心语名词是名词复数形式或不可数名词,对下例(67)的有连词并列结构既可以作组合性解释也可以作出分离性解释:

(67) His <u>clear and forceful</u> delivery impressed his audience.

在以下几种情况下,汉语并列词语中的连接词和停顿符号作用相同,可以交替使用。换句话说,在无连词的情况下也可以通过停顿符号构成并列结构。

1. 在3.2.1.4中的音节制约因素中,我们指出当并列项的音节数失衡,并不是不能构成并列结构,只是必须遵守严格的音步规则来排列并列项之间的顺序(4.2.1将详述)。其实,音节失衡的并列项也可以通过并列连词连接来构成并列结构。例如:

(68) a. *豪迈义无反顾　b. 豪迈、义无反顾　c. 豪迈和义无反顾

(69) a. *老人怀抱婴儿的妇女　b. 老人、怀抱婴儿的妇女　c. 老人和怀抱婴儿的妇女

在3.2.1.4中的音节制约因素中,我们同时指出,当并列项在三音节以上,不能直接叠加构成并列结构,必须得添加停顿符号或连接词。也就是说是在这种情况下,停顿符号和并列连词作用是相同的。例如:

(70) a. 有着浓黑的头发、比乡下女人白嫩的肌肤　b. 有着浓黑的头发和

比乡下女人白嫩的肌肤

2. 在3.2.1.4中的语义制约因素中，我们也指出，同一语义范畴的词语之间，除了具有聚合关系外，也可以形成组合关系。这时候停顿符号和并列连词都能改变非并列关系，构成并列关系。例如：

(71)a. 棉布裤子（定中） b. 棉布、裤子（并列） c. 棉布和裤子（并列）

(72)a. 学校医院（定中） b. 学校、医院（并列） c. 学校和医院（并列）

3. 在3.2.1.4中的语义制约因素中，我们还指出，并列项共享"属性：值"越多，并列连词隐匿的可能性越大。并列项共享"属性：值"相对较少，也能通过顿号或并列连词构成并列结构。再如，a. 老虎、b. 鸽子、c. 狮子、d. 燕子这四个词中，"老虎"和"鸽子"共享"属性：值"相对较少，它们也可以通过顿号和并列连词构成并列结构，如"老虎、鸽子"或"老虎和鸽子"。

（二）必有型并列连接词

汉语并列词语既有连接词隐匿也有通过连接词连接两种形式。英语虽然以有连词并列为主，但为了特定的表达效果，也存在无连词并列形式。虽然汉语并列词语中的连接词既可以显现也可以隐匿，但在以下几种情况下，汉语的并列词语的连接词必须显现。

1. 并列项之间的逻辑关系为不相容析取式

在3.2.1.4中的逻辑关系制约因素中，我们指出，当并列项之间的逻辑关系为合取式并列或兼容析取式并列时，并列项之间一般都可以采用无连词并列形式，而并列项之间为不相容析取式并列时，除了例(63)、(64)这样的少数情况外，一般都要通过并列连接词连接。比如互为反义的词语必然属于同一语义范畴，有共同的直接上义词，且有共同的义素，但至少有一个义素是相反的、互为排斥的，因此它们并列在一起一般要用并列连词连接，例如："清醒"、"糊涂"之间，"幸福"、"烦恼"之间，"快乐"、"痛苦"之间一般都要通过"和"、"或"、"并"等连词连接，并列词语之间的连接词一般不能隐匿。有时候，英语词义相反的介词、副词也通过并列连词并列在一起，以取得反复交替的效果：on and off, off and on, in and out, up and down, backwards and forwards 等。例如：

(73) Jill and Eric have been seeing one another <u>off and on</u> for the last five years. (= intermittently)

(74) We watched the mother bird going in and out of the nest (=repeatedly in and out) trying to satisfy the appetite of the hungry fledglings.

2. 并列项词性不同

词性相同的并列项之间可以采用无连词形式并列,而词性不同的并列项即异类词语之间必须得通过并列连词连接构成并列关系。异类并列短语主要是名词(N)、动词(V)、形容词(A)三者之间的两两并列。刑福义(1997)认为数量词、代词等词类的词语之间都可以构成并列关系,如"两组和三组"、"我和他",但在异类并列短语里找不到数量词、代词与其他类词的异类并列。储泽祥(2002)还对异类并列短语作过统计,异类并列短语中动词(V)和形容词(A)的并列在数量上略多于其他两类。句法功能上异类并列短语主要是做宾语,其次是做定语和主语。

词性不同的词语之间一般很容易形成组合性关系,而很难形成聚合性关系,所以不同词性词语之间的并列得通过并列连接词来排除组合关系、标记并控制并列关系。例如,名词(N)和动词(V)之间一般是述谓关系,它们之间要形成并列关系,就得通过并列连接词来转化并控制。比较:

(75) a. 刘翔跨栏(主谓)　b. *刘翔、跨栏　c. 刘翔和跨栏(并列)

(76) a. 流氓闹事(主谓)　b. *流氓、闹事　c. 流氓和闹事(并列)

(75)c、(76)c 之类的名词(N)和动词(V)的并列是靠并列连词控制而成的。这类异类并列短语不能成为句内基本成分,如不能说"我很欣赏刘翔和跨栏",一般只能用作标题,而且并列项不能交换顺序,即使是标题,也一般不说"跨栏和刘翔"。马清华(2005:58)认为这类并列结构实质上是一种语句截取式,对这类并列结构为何只能做文章或新闻标题,他也作了一定的解释;尹世超(2006)也对这类标题的特点作了概括。

英语词语并列的总原则是,连接部分在形式、功能和语义上都必须同属一个范畴,然而,有时候也不能保持形式上的一致,尤其表现在不同状语范畴的并列。例如:

(76) The enemy attacked quickly and with great force.

(77) You can wash them manually or by using a machine.

(78) They can call on this week and whenever you wish.

上面的例句中是副词和介词短语的并列,名词短语和状语分句的并列。但是,每一例中仍然保持了连接部分同属某个语义范畴的关系。

3. 上下义词语之间的并列

上下义词语虽然属于同一语义范畴,但不在同一语义层级,它们之间要形成并列必须得采用有连词形式并列。例如:“灾区和贫困地区”、“联合国和其他国际组织”,“地区”是“灾区”的上位词,“国际组织”是“联合国”的上位词。上位词“地区”和“国际组织”的前面都带上了相应的限定成分,以拉近与前项的地位平等,从而构成并列。英语的上下义词语之间也必须通过并列连词构成并列,如 the United Union and other international organizations。

4. 经济式并列短语

部分并列短语是由于语言遵守经济原则把两次认知结果用一个句子来表述形成的,即为经济式并列短语。如果没有其他因素的影响,经济式并列短语一般采用有连词形式并列。(储泽祥,2002)例如:

(79)练功房和宿舍可漂亮了。(王朔《一点正经没有——“顽主”续篇》)

(80)我正为这事要求嫂子和李老师帮点忙呢。(池莉《你以为你是谁》)

例(79)是两个并连的名词做主语,共用一个谓语,可用逻辑式表达为:“N_1 + 和 + N_2 + V”。这一逻辑表达式蕴涵了两个独立的命题,可以表述为:N_1 + 和 + N_2 + V→N_1 + V,N_2 + V。反过来也可以说“N_1 + V”、“N_2 + V”这两个命题由于“V”相同而合并为“N_1 + 和 + N_2 + V”,成为一个复合命题。

例(80)是两个并连的名词做兼语,同样是两个独立命题的合并。同例(79)一样,在认知的过程中两个命题紧密接近,甚至是同时发生。

英语也有类似的经济式并列短语,例如:

(81) We have washed, dried, and put the dishes away.

(82) By giving the police a pay rise, the Minister hopes to strengthen and make the force more efficient.

要理解这些句子是毫无困难的,这里的经济式并列反映在它们的结构上。它们含有一种虚假的对应关系,例(81)中的 away 和例(82)中的 more efficient 从结构上看似乎是位于并列结构之外的,在语义上也似乎只适用于最后一个连接部分。例(81)其实是下一句的简化形式:

* We have washed the dishes away, we have dried the dishes away, and we have put the dished away.

在日常交际中这一句显然毫无意义，这样的句子很可能在临时不假思索的讲话中出现，但是在比较慎重的，尤其是书面语言中还是以例(81)更为自然。

5. 并列项之间具有临时相关性

当几个词语不在同一语义范畴，也不具有相关性，一般不能构成并列关系，但由于句内语境的作用使它们具有了临时相关性，这样它们就具备了并列的条件，但是得通过并列连词来标明它们的并列关系。如果X、Y是两个体词性词语构成的并列短语，那么它们必然是同一个的动词谓语的论元，共同承担谓语动词的施事或受事题元角色。如果X、Y是两个谓词性词语构成的并列短语，那么它们至少有一个共同的题元角色，通常是施事或受事。

(83)她的双手插在裤口袋里，透过粉红的樱花，不时看见沔水镇那黑瓦屋子，那深深的小巷和母亲兄弟姐妹们。(池莉《你是一条河》)

(84)这其中有一股子团结的力量叫人激动和信赖。(池莉《你以为你是谁》)

例(83)的三个并列项"那黑瓦屋子"、"那深深的小巷"、"母亲兄弟姐妹们"前两者与"母亲兄弟姐妹们"不在同一语义范畴，也不具有相关性，但都是谓语动词"看见"的对象，使它们三者具有了临时相关性，可以并列在一起，但只能采用有连词形式并列。例(84)的"激动"、"信赖"也不在用一语义范畴，且不具有相关性，但它们都做了此句中兼语"人"的谓语，这样它们具有了临时相关性，并列在一起同样只能采用有连词形式并列。

英语词语的并列要求在形式、功能和语义上必须一致，但在执行时严格的程度也各有不同。下面的例句显然在语义上违背了限制条件。

(85) She made up her mind and then her face.

(86) I drove home in a hurry and a borrowed car.

例(85)、(86)这样的结构可以用来表达幽默或修辞效果。这些例句如补足省略成分后则为：

* She made up her mind and then she made up her face.

通过补充可以看出，省略是以两个同形异义的习语(make up ＜one's mind＞

和 make up < one's face >)为基础的。其实修辞术语“轭式搭配”(zeugma)所指的正是这些语义上不相称的并列句。

6. 并列项的音节数目多、且不均衡

如果汉语并列项的结构长,且非对偶式,前后项音节长短不一致,一般需要采用有连词形式并列,以使结构匀称、协调。例如:

(87)而贵子却鲜明地表示对母亲的反感,屡屡甩掉母亲的手和吐掉母亲夹给她吃的菜。(池莉《你是一条河》)

(88)李小兰在图书馆工作,所以上班恶心,上班走在路上和回到家里都恶心。(池莉《太阳出世》)

例(87)中的并列项“甩掉母亲的手”、“吐掉母亲夹给她的菜”音节数目不等,且超过四音节;例(88)并列项“上班走在路上”、“回到家里”也是音节数不等,所以例(87)、(88)中的短语并列都得使用并列连接词。

7. 列举终结

无论是汉语、英语还是其他语言,在多个并列项之间不需要分层次的情况下,之所以需要并列连词出现于最后并列项之前,是因为并列连词是表示发话者“列举终结”的形式标记。例如:

(89)李小兰在图书馆工作,所以上班恶心,上班走在路上和回到家里都恶心。(池莉《太阳出世》)

(90)赵胜天的父亲、五姐和五姐夫都从各自的房间出来参战。(池莉《太阳出世》)

通过例(89)、(90)我们可以看出,多个并列项的并列结构中,并列连词是表示发话者从诸多事物中选取并举尽自己所关心对象的形式标记。为了突出列举的穷尽,除了在最后一项前用并列连词外,还在最后项配以副词“都”、“全”等。对于并列连词具有的“列举终结”功能,前人早已有所关注,如吕叔湘(1999 :266) 指出,连接三项以上时“和”放在最后两项之间,前面的成分用顿号连接。《现代汉语虚词例释》也注明,如果列举多项事物,“和”常常放在最后两项中间, 表示列举完了。(北京大学中文系,1986 :236)

英语“and”在多个并列项的最后一项前面也表示列举终结。如果被列举的词语很短,则 and 前面可不用逗号,但如果列举的并列项都很长,则 and 前面需用逗号。例如：

（91）Reading requires perseverance，willpower and diligence. ①

（92）I would like to give your money，have you attend school，and do every thing to make you happy.

例(91)中的并列项 perseverance、willpower 和 diligence，都是单词并列，所以 and 前面没用逗号；而例(92)中的并列项都是动词短语并列，所以 and 前面用了逗号。

以上是汉语并列词语一般须有并列连词出现的几种主要情况，当然作为形合语言的英语也肯定要用有连词形式并列，但我们并没有罗列尽汉语并列词语必须有连词并列的所有情况。英语并列词语如果是发话者为了特定语用目的、焦点凸显或修辞效果，并列词语的连接词可以隐匿外，一般都得用并列连词来连接并列项。

3.2.2.2　并列连接词显现结构的形式特征

在本书 3.1 节我们注意到，构成并列词语的最重要词汇手段还是并列连词，但虚化程度尚未达到并列连词阶段的其他词语，如副词、助词、代词、短语连词等也起着重要的连接作用。根据并列项的语法性质，我们可以把并列连接词分为体词性并列连接词和谓词性并列连接词，对于汉语构成并列词语的不同连接词的句法功能，丁声树（1961）、朱德熙（1982）、范晓（1991）都有很深入的论述。储泽祥(2002)在他们的基础上从并列项的语义接近性、单一性等属性特征上验证了不同连接词的句法功能："以停顿、'和'类连词、语气词等为连接手段构成的并列词语，既可以是体词性的，也可以是谓词性的；以'而'类连词、副词及表示程度的代词、连副同现等为连接起来的句内成分，只能是谓词性的；'和'类连词，连接两个动词或形容词，构成的并列词语，谓词性减弱，一般不能单独充当谓语。"但前人对并列词语中因并列项数目的差异，并列连词的使用有何特点的问题关注不是很多，这一节我们以并列项数目的多少为参项，考察汉英并列连词的分布，着重考察多并列项中并列连词的使用特点。

① 例(91)、(92)转引自王国栋：《大学英语深层语法》，清华大学出版社，2005 年第一版，第 567 页。

(一)两项并列

无论是汉语、英语还是其他语言,并列词语最常见的是在两个并列项之间用一个连接词。英语的三个中心并列连词 and、or、but 都可以用于两个并列项之间,没有并列项语法性质的限制。而汉语会因为并列项的语法性质的不同,选用不同的连接词。如果并列项是体词性词语,一般用"和"类并列连词连接,具体有"和"、"跟"、"同"、"及"、"以及"等;如果并列项是谓词性词语,一般用"而"类并列连词连接,具体有"而"、"并"、"且"、"并且"、"而又"等。此外,还有每个并列项都用连接词的情况。如两个体词性并列项的后面都用"啊"、"呀"、"啦"等语气助词。例如:

(93)"我知道他能把鸡呀鱼呀的弄熟,但我不知道这是不是就算手艺好。"他有点不耐烦地抽抽鼻子。(王朔《我是你爸》)

两个体词性并列项后面还用正在向连词虚化的"也好"、"也罢"等。例如:

(94)他们占据一个月也好,一百年也好,咱们得有个准备。(老舍《四世同堂》)

另外,上海方言中前后项的后面都用"咾",例如"老张咾老王咾"。(转引自刘丹青,2003:238)

两个谓词性并列项都用连接词比体词性的更普遍。像体词性并列项后面使用的连接手段,谓词性并列项也能使用外,谓词性并列项前面还使用代词,如"这么……这么"、"那么……那么"、"多么……多么"等。例如:

(95)我就没想到会搞得这么肉麻,这么庸俗。(王朔《你非俗人》)

(96)女孩放声笑起来,笑得那么肆无忌惮,那么开心。(王朔《海水火焰》)

(97)有宫女看见王皇后收纳香袋时神情落寞,她握住武昭仪的手赞叹道,多么灵巧的手,多么耐看的手,绣出的龙凤能飞能舞。(苏童《才人武照》)

谓词性并列项更多的是各并列项前面都使用连接词,而且更多的是使用副词或连副搭配使用。例如普通话"边学边试"是在每个并列项前面用同一个连接副词;"既漂亮又能干"是两并列项的每一项前面使用连副相配套的关联词。普通话的"又……又"(如:又吃又喝)、古汉语的"载……载"(如:载笑载言、载歌载舞[转引自刘丹青,2008:133])、"且……且"(如:

且喜且忧、且战且退)也属此类。普通话"冲啊杀的"中的"啊……的"是两个助词相配套而成的后置型关联词语,与前置的"既……又"相当。对于逐项都用的关联词语,是有并列项数目的限制的。如"载……载"、"既……又"、"……啊……的"都限于两个并列项,而"也好"、"也罢"、"啊"、"呀"、"啦"、"这么"、"那么"、"多么"、"又……又"、上海话的"……咾……咾"等可以不止两项。英语的 both…and…、at once…and…、and…alike、either…or…、neither…nor…、not only…but also…等都只能连接两个并列成分,而不能连接两者以上的并列成分。英语短语连词 as well as、in addition to 等连接的也可以不止两项。

(二)多项并列

1. 每个并列项前或后都有连接词

多个并列项的并列中,每项后面都有语气助词,如"啊"、"呀"、"啦"等。例如:

(98)我听见北风的啜泣和欢呼,听见我从前的子民在下面狂喜地叫喊,走索王,走啊,跳啊,翻筋斗啊。(苏童《我的帝王生涯》)

(99)叫我深深感动的不是什么炽热呀、忠贞呀,救苦救难之类的品德和行为,而是她对我的那种深深依恋,孩子式的既纯真又深厚的依恋。(王朔《空中小姐》)

多个并列项的并列中,每项前面都有代词,如"这么"、"那么"、"多么"等。例如:

(100)她想不起什么时候看见过这么多,这么脏,这么臭的衣裳来。(老舍《四世同堂》)

(101)他那么好,那么相信我……我不忍让他喝人家的洗脚水。(王朔《海水火焰》)

多个并列项的并列中,每项前面都有同一个副词"又",例如:

(102)他在我那儿最辛苦,他对我又怕又恨又想要,我可不怕他。(苏童《妻妾成群》)

以上几种情况都是汉语所特有,英语中没有这样的并列结构。但是汉语和英语都有成套的关联连词,汉语的如"不但……而且"、"或……或"、"既……

又”,英语的 both…and…、either…or…、not only…but also…,它们都分布在每个并列项的前面。

2. 并列连词数目比并列项少一个

无论是汉语、英语还是其他语言,当并列项只有两个时,最常见的是在两个并列项之间用一个连接词,用于两项之间的那个连词就符合此处所说的情况,即 2 减 1 等于 1,且这种情况具有跨语言的共性。我们这里所要重点考察的是当并列项超过两项时仍使用比并列项数目少一个的连接词。普通话“和”就有这种情况,例如:

(103)“别拿岁数大的人开心。”于观和杨重和他们走成并排,于观对赵尧舜说:“你别听他胡扯,他跟你瞎逗呢。”(王朔《一点正经没有——“顽主”续篇》)

(104)不过,为挣钱吃饭而有计划的,甘心的,给日本人磕头,蓝东阳和冠晓荷和你,便不大容易说自己不是汉奸了。(老舍《四世同堂》)

例(103)、(104)都是三个并列项用了两个并列连词,不过这种情况在汉语普通话中并不很常见。

英语也有类似结构,并列项在三个以上时,从第二个并列项开始,每个并列项前面都加“and”,如[A] and [B] and [C],这样的结构习惯上称为多连词连接(polysyndeton)。例如:

(105) Lawsuit consumes time, and money, and rest, and friends.

(106) The wind roared, and the lightning flashed, and the sky was suddenly as dark as night.

英语的多连词连接并列不同于无连词和普通连接并列,且也不常见。由于多连词连接违反了“凡可能之处一律省略”的原则,往往保留着那些连词,用以表现特定的语用效果,如例(105)表示不厌其详尽数列举;例(106)中用那些连词强调一连串戏剧性事情的发生。

3. 不管有多少个并列项,只用一个并列连接词

这里的“不管有多少个并列项”是指在同一层次上的多项并列。我们在本书 3.2.2.1 节已经考察到在多个并列项之间不需要分层次的情况下,汉语的“和”、“或”等并列连词,英语的 and、or 等并列连词只在最后两项之

间使用一次，这时的并列连词多为列举或选择范围终结的形式标志，且这种并列模式具有跨语言的共性。但是这种并列模式究竟是汉语向英语靠拢的结果，还是英语向汉语靠拢的结果？或者是其他？都还有待进一步考证。另外，英语中还存在最前两项之间使用并列连词，而后面各项不用并列连词连接。例如：

(107) Then in a few hours all sorts of oddments had poured in from local sym pathisers, camp-beds and mattresses, basins, buckets, crockery, tins of food, a half sack of potatoes, a coffee-grinder. (Jack Lindsay, *Betrayed Spring*)

例(107)里，最前两项 camp-beds 与 mattresses 之间用了并列连词 and，其余各项之间均未用 and 连接。

就我们所掌握的语料，在汉语同一层次有多个并列项的并列中，未发现只在最前两项之间使用并列连词的现象。但是，汉语中除了只在最后两项之间使用并列连词模式外，是否也存在只在最前两项之间使用并列连词？或者还有其他模式？这些也都还有待于进一步考察。

4. 并列连接词的数目等于语义层次的数目

如果在一个多项并列词语中，并列项不在同一层次，该并列词语有几个语义层次，就有几个并列连接词，因为在这种并列结构中，并列连接词是语义分界的形式标志。例如：

(108)处分要在调查研究，查清错误事实的基础上，根据违纪者所犯错误的事实、性质、情节、影响以及当时环境、本人一贯表现、对错误的认识等情况，全面地历史地分析。

例(109)中“以及”标明这些并列项可分为两个语义层次，前面的几个并列项指“违纪者犯错误”本身的各方面，它后面的几个并列项是指与犯错误相关的情况。

再如：

(110)要保证首长、机关、部队和装备、物资、重要军事设施的安全。

(111)人民日报华东版每日出 16 个版，星期日和元旦、春节、五一国际劳动节、国庆节仍出 8 个版。

(112)让我们来分享一下这个城市节日的喧闹和文明、欢乐、祥和。

例(110)、(111)、(112)中的“和”分别将所连接的多个并列项区分成“人或组织”和“物”,“假日”和“节日”,“消极方面”和“积极方面”,这样一些既有关联又有区别的大层次关系。

以上举例都是多个并列项分为两个层次的结构,如果多个并列项的语义层次在两个以上,一般用不同的连接词来区分不同的层次,例如:

(113)求助于美容化妆及首饰和时髦来表示自己存在的俗妇。(池莉《你以为你是谁》)

例(113)中的两个连接词“及”与“和”把俗妇的存在方式分为三类。也还可以通过连接词和标点符号的结合来标明不同层次关系,例如:

(114)俄罗斯和中国的一些实体是核、生物和化学武器以及与导弹有关的设备和技术的主要提供者。

(115)中央情报局和联邦调查局与英国最小的警察部队和情报机构开始进行这项有史以来规模最大的刑事调查。

例(114)用“以及”来标明第一层次,用“和”来标明第二层次;例(115)用“与”来标明第一层次,用“和”来标明第二层次。

英语多个并列项不在同一层次的并列词语,并列连词的使用不同于汉语,并列项之间都得通过并列连词连接,并列连词的数目依然是比并列项少一个。例如:

(116) Mr and Mrs Thompson and Mrs White were already there.

(117) In farming and hunting and in war, people had to work in groups.

(118) Bring me a bow and arrow, and a gun.

以上三例都是用两个 and 来连接三个并列项,而实际上三个并列项并不在同一语义层次,每例的前两项为同一语义层次,跟最后一项并列。属于同一语义层次的不同并列项,虽然有并列连词连接,但并列项之间没有语音停顿,而在不同层次之间有大的语音停顿。换句话说,英语不在同一层次的多个并列项主要是通过大的语音停顿来体现不同的层次关系。

3.3 并列复句中连接词的隐现

3.3.1 并列小句间连接词的隐匿

这里所说的小句间并列连词隐匿指的是无连接词并列复句。分句间依据语义上的关联,有的是表示几个相关的事物或情况,有的是后一个分句是承接着前一个分句说下来,或是依照分句的次序顺着往下说等等。从句法表现来说,主要有两种类型:一种是没有连接词而是通过其他关联手段,如词语照应、语调或句式构成的并列复句;另一种是通常所说的意合并列句,即语表上没有任何并列连接词或其他关联手段的并列句。意合句包括在表层结构中省去并列连接词语和不能添加并列连接词的句子。

3.3.1.1 并列连接词以外的其他关联手段

(一)词汇手段

汉语有些并列复句之间不用并列连接词而是通过一些词汇手段来显示小句间的逻辑语义关系。这些词汇手段概括起来主要有回指、对指和统指三种。(王维贤,1994:289)

(119)詹大胖子每天生炉子,用一把芭蕉扇嗯哒嗯哒地扇,煤球炉子上坐着一把白铁壶。

(120)场上大家正准备上山干活儿,一个个破衣烂衫,脏得像活猴。

(121)伟人只在事业上惊天动地,他时常不声不响地深思熟虑。

例(119)后一小句"煤球炉子上坐着一把白铁壶"中"煤球炉子"回指前面的"炉子",描写前一小句中的宾语"炉子"存在的状况。例(120)后续小句的"一个个"回指前面的"大家","一个个破衣烂衫……"描写"大家"的模样。例(121)后续小句的"他"回指"伟人",后续小句对先行小句进一步作解释说明。这三个例句的后续小句都有回指先行小句的词语,这些回指词语显示了后续小句与先行小句之间的逻辑语义关系是并列关系。

就语义内容来说,同义对指反映两个成分表达同一概念的关系;反义对指反映两个成分属于同一上位概念;类义对指则是反映两个概念之间具有同一类属关系。这几种对指成分之间都具有类同关系。这种关系反映在小句和小句的逻辑语义关系上也是一种并列关系。在具体的句子中这些对指成分也有同时出现的可能,形成全面的对指关系,例如:

(122)你夸我家厨子好,我称你府上的裁缝强。

例(122)主语“你”和“我”是对义对指,谓语动词“夸”和“称”是同义对指,“我家”和“你府上”是对义对指,“厨子”和“裁缝”是类义对指,补语“好”和“强”是同义对指。

统指关系指A和B小句中的某个成分或整个小句和另一小句之间具有总说和分说、具体和概括、共相和殊相、支配和被支配的关系。如果A和B两个小句的某个成分之间,或者是A中的某个成分和B整个小句之间,一个表示整体、集合或统称,一个表示个体、部分或特称,那么二者就具有总说和分说的关系。例如:

(123)沿河听见断续的歌声:有从沿河的妓楼飘来的,有从河上船里度来的。(朱自清《桨声灯影里的秦淮河》)

(124)她一手提着一个竹篮,内中一个破碗,空的;一手拄着一支比她更长的竹竿,下端开了裂:她分明已经纯乎是一个乞丐了。(鲁迅《祝福》)

(125)我给青年们讲几句话:一、祝贺他们身体好;二、祝贺他们学习好,三、祝贺他们工作好。(毛泽东《青年团工作要照顾青年特点》)

例(123)、(124)、(125)各例中小句A中的某个成分为整体,而小句B中的某个成分是部分,整体和部分之间具有隶属关系。在这类句子中总说部分和分说部分出现在A和B两个小句,如(123)A小句的“断续的歌声”是总说,B小句的“从沿河的妓楼飘来的”和“从河上船里度来的”是分说。例(124)总说和分说出现在同一小句的主宾两端,上一句的宾语顺势成为下一句的主语,呈总说>分说(总说)>分说(总说)……的链式关系,小句之间的关系是先分述后总述。例(125)中“讲几句话”表示总和,后面的“一、二、三”是分述,二者是总和与配分的关系。另一种情形,互为对应的是前后两个小句的成分或某个成分和小句之间是支配和被支配的关系。例如:

(126)放眼望去,上下左右一片翠绿,满是竹林。

(127)斫好竹杠在这里,明天会派船来装运。

例(126)A 小句中动词“望去”支配 B 小句。例(127)中 A 小句先出现支配对象,B 小句出现支配的动词。

以上是不用并列连接词的并列复句凭借回指、对指、统指等词汇照应手段表示分句间的逻辑语义关系,运用这些词汇手段使小句和小句互相联结。

(二)句式手段

语法和修辞是研究语言的两门科学。众所周知,语法侧重于研究语句的正确与否,修辞侧重于研究语句的表达效果。“正确”与“效果”是不可分的两个方面,语句不正确也就谈不上效果;说、写的语句只有首先合符语法,才能进一步要求表达的效果。而复句表达比较复杂的意思,要把复杂的意思传达给别人,就必须表达得既对又好。因此,汉语和英语都有一些并列小句之间不用并列连接词,而是通过运用一些修辞格式的特定句式使并列复句的小句与小句互相联结。这些修辞格式的特定句式既使小句间相互联结,显示并列逻辑语义关系,又达到了凝练、简洁、明了的表达效果,可谓一箭双雕!

1. 对偶

对偶是用句式相同的一对语句,表达两个相反、相似或相关意思的修辞方式。组成并列复句的两个分句的字数、结构相同或相似,表达两个相反、相似或相关的意思时就可以通过对偶句式联结。例如:

(128)有志者自有千方百计,无志者空成千难万难。

(129)路是脚踏出来的,历史是人写出来的。

(130)人家帮我,永志不忘;我帮人家,莫记心上。

通过对偶句式构成的并列复句只要求前后两小句采用同一句式,句子成分基本对应,并不要求小句的每个成分都必须完全对应。例如(128)前后两小句的句式相同,字数也相等,但句内成分并不完全对应。例(129)句式也相同,都是“是”字句。例(130)中“人家帮我,永志不忘”和“我帮人家,莫记心上”两部分分别是连贯复句,这两个连贯分句中的每个分句句式相同,构成了并列的格式。

英语也有通过对偶句式构成并列复句的情况,例如:

(131)Where is your time, where is your achievement.(你的时间在哪里,你的成就就在哪里。)

(132) Think good thoughts; Write good words. (Shakespeare)(构佳思，写妙句。)

(133) In Plato's opinion man was made for philosophy; in Bacon's opinion philosophy was made for man. (Thomas Babington Macaulay)

例(131)、(132)、(133)中的两个分句结构相似，句子成分对应，字数相等，但是意思相对或相反；前后两个平行分句通过对偶句式构成并列复句。英语中这种通过对偶句式构成的并列复句主要出现于辩论文或演说等正式文体中。不用连接词连接而用对偶句式构成的并列复句简洁、凝练，给人留下深刻的印象，且声调和节奏优美。

2. 排比(parallelism)

排比是一种常见的重要修辞方式。它要求组成它的几个分句语气一致，内容密切关联，句式相同或相似，分句在三个或三个以上，并且有共同重复的词语。复句常常就是几层意思的连续叙述，当并列复句的几个分句是对同一主题的几个方面叙述时，就可以不用并列连接词而用排比句式将几个分句联结起来构成并列复句。例如：

(134)他们的品质是那样的纯洁和高尚，他们的意志是那样的坚韧和刚强，他们的气质是那样的淳朴和谦逊，他们的胸怀是那样的美丽和宽广。(魏巍《谁是最可爱的人》)

(135)民族的科学的大众的文化，就是人民大众反帝反封建的文化，就是新民主主义的文化，就是中华民族的文化。(毛泽东《新民主主义论》)

(136)我们不会忘记，朝鲜大嫂为帮助志愿军失去了她的双脚；我们也不会忘记，朝鲜大娘为了保护志愿军，失去了她的孙子；我们更不会忘记，朝鲜小姑娘为了营救志愿军，失去了她的妈妈。

例(134)、(135)、(136)都是通过排比句式构成的并列复句，重复某个词语以表示强调。例(134)是四句排比，重复共同词语“他们的”，文字铿锵有力。例(135)三个小句通过“就是”的连用，形成排比。例(136)通过重复“不会忘记”和“失去了”，三个句子形成排比，语义上层层递进。

英语也有不用并列连接词而是用排比句式将几个分句联结起来构成并列复句。例如：

(137) Let history say of us: These were golden years——when the American Revolution was reborn, when freedom gained new life, when America reached for her best. (Ronald Reagan)

(138) Let us take as our goal: where peace is unknown, make it welcome; where peace is fragile, make it strong; where peace is temporary, make it permanent. (Richard Milhous Nixon)

例(137)是由三个时间状语从句构成的并列复句,三个并列分句之间没有使用并列连接词,而是通过排比句式构成并列复句。里根运用三个从句排比强调恢复美国以往的光荣。汉语意思是:这些年是美国的黄金时代,美国革命精神复兴,自由获得新生命,美国国势达到鼎盛。

例(138)重复共同词语"where",三个句子形成排比句式,通过排比句式构成并列复句。尼克松运用三个句子排比表达了对世界和平的美好憧憬。此外句中对照手法的兼用,更进一步加深了听众的印象。汉语意思是:在那些不知道什么叫和平的地方,要使和平成为受人欢迎的东西;在那些和平脆弱的地方,要使它牢固起来;在那些和平只是暂时存在的地方,要使它成为永久的东西。

3. 顶针

"顶针"修辞学中也叫"联珠"、"蝉联",一般是后句开头的词语重复前句末尾的词语,使邻句首尾递接的一种修辞方式。语义连贯的并列小句多用"顶针"这种修辞方式来联结,例如:

(139)指挥员的正确的部署来源于正确的决心,正确的决心来源于正确的判断,正确的判断来源于周到的和必要的侦察,和对于各种侦察材料的连贯起来的思索。(毛泽东《中国革命战争的战略问题》)

英语并列复句也有借"顶针"的修辞方式把并列小句联结起来构成并列复句的情况,例如:

(140) Paupers want to be rich men, rich men want to be kings, kings want to be gods. ①

---

① 例(140)转引自张道真、温志远《英语语法大全》,外语教学与研究出版社,2001年第二版,第831页。

例(139)、(140)运用“顶针”使得语言气势连贯,音响流美,感情绵密,说理透彻,读者思路开阔。

4. 回环

“回环”也叫“回文”,它是用循环往复的语言形式,表现两种事物或两种情况相互关系的修辞方式。并列复句多借“回环”的修辞方式把并列小句联结起来,例如:

(141)理性认识依赖于感性认识,感性认识有待于发展到理性认识,这就是辩证唯物论的认识论。(毛泽东《实践论》)

(142)他们忘却了纪念,纪念也忘却了他们。(鲁迅《为了忘却的纪念》)

英语修辞手段 palindrome (a word, phrase or sentence that is the same whether it is read backwards or forwards),相当于汉语修辞中的回环,即以相反顺序重复前面的词语,或使词语或句段首尾衔接,顺读倒读一样,反复循环成章。英语回环有三种:a. 以字母为单位,顺读倒读完全一样的一个词、词组、句子。例如:refer, No X in Nixon, RISE TO VOTE SIR, 等。b. 以词为单位,顺读倒读基本一样的短语或句子。例如:

(143) Girl, bathing on bikini, eyeing boys, finds boys eyeing bikini on bathing girl.

c. 首尾颠倒或词语回环往复。例如:

(144) We eat to live, not live to eat.

例(141)、(142)、(143)、(144)并列小句通过“回环”的修辞方式联结,表达显得精确凝练,赋予深刻哲理,内容好懂易记。

以上是联结小句构成并列复句的几种主要修辞方式,通过举例还可以看出,各种修辞方式实现对小句的联结,构成并列复句,也离不开各种词汇手段的运用。汉语往往更多从修辞的角度来考虑,句子干净利索,通过句式手段构成并列复句。而英语各分句之间一般还是得通过并列连词连接。相应地,英语的一些对称句式,虽然用了“and”, 翻译成汉语要省去并列连词,而是用特定句式手段表达。例如:

(145) Painting is silent poetry, and poetry is a speaking picture. (Simonides)
画是无声的诗,诗是有声的画。

(146) Talents come from diligence, and knowledge is gained by accumulation.
天才在于勤奋,知识在于积累。①

3.3.1.2　意合并列句

"意合"是由西方语言学术语"parataxis"翻译而来。"parataxis"一词起源于希腊文,意思是"平等式安排"。与"parataxis"相对的是"hypotaxis",即"形合",意思是"主从式安排",即放在从属的地位。(参见王维贤,1994:59)这样意合连接和形合连接的对立与并列和主从的对立常常被看作一回事。其实,意合连接不仅适合于并列结构,而且也适用于将两个地位相等的单位并列起来的其他情况。西方语言学的所谓意合句一般可以有表示并列关系的 and 之类的连词。不管有没有 and,只要是并列在一起的,没有主从之分,更没有表示主从关系的连词,这样的句子就是意合句。实际上有没有 and 之类的并列连词,这些小句之间都是以并列关系平摆在一起的,也就是说在"形式上",它们是并列的,而在语义上却包含着各种从属关系。

在汉语语法著作中,首先讲到意合句的是王力的《汉语语法纲要》。该书认为,两个以上的句子形式(即小句)之间不用关联词语而以意念相联系构成的句子称意合句。例如:

(147) 我们熟悉的东西有些快要闲起来了,我们不熟悉的东西正在强迫我们去做。

例(147)前后两小句之间是并列关系,但不带关联词语。

黎锦熙、刘世儒的《汉语语法教材》对于意合句论述最多。该书认为构成复句的手段除了依靠关联词语和语音来组合以外,意合法也很重要,"各种语法形式用不上或没用上的,还是需要意合法的"。

在现代汉语中,许多意合句常常是任何关联词语都不用的。对于这类句子在形式上一般也认为它们之间是最简单的并列关系。《汉语语法教材》认为,意合句有时关系不清,可作多种解释。例如:"他不去我去。"可以理解为"他不去而我去",也可以理解为"如果他不去我就去",也可以理解为"既然他不去,我

---

① 例(146)转引自王国栋:《大学英语深层语法》,清华大学出版社,2005 年第一版,第 565 页。

只得去”,还可以理解为“尽管他不去,但是我必须去”,等等。这些关系,从句子间语义关系来说是有表示的,只是在语表没有适当的关联词加以显示,而是由它们的前后的结合来表示罢了。它们的关系在句法平面上只是并列关系,在句法语义或句法语义语用平面特别是在后一平面上,在于内容和语境的补充作用,才能表现出这些小句之间的逻辑语义关系。

英语的分句之间也有不用连接词来连接到一起的意合连接,具体表现在用标点符号来连接。在英语中只能用分号“;”或冒号“:”。例如:

(148)The door was open:he walked in.(门开着,他就走了进来。)①

(149)Happiness does not drop from the skies; it is to be created by our hands.(幸福不会从天上掉下来,而是要我们用双手去创造。)

英语中的意合并列句都可以把标点符号换成并列连词,也就是说英语的意合句是语表省去并列连词的句子。汉语中的意合并列句却包括在表层结构中省去并列连接词语的句子和不能添加并列连接词的句子。汉语在表层结构中省去并列连接词语的句子也可以添加并列连词,例如:

(150)父亲有时吸点旱烟,喝点酒,母亲管束着我们,不许我们染上一点。

(151)我一大清早起来就开了门,拿小篮盛了一篮豆,叫我们的阿毛坐在门槛上剥豆去。(鲁迅《祝福》)

例(150)前后两个分句之间可以加转折连词“但是”,句子依然可以接受。(151)也没有用关联词语,但可以在第二个分句“拿”的前边加上关联词语“接着”,不用关联词语,文句简洁,符合当时祥林嫂述说旧事的语言环境。

汉语的紧缩复句也是意合句,它们都有熟语化倾向,跟复合词内部的语素并列一样,都是凝定形式。紧缩复句译成英语时都要用并列句的形式来表达。例如:

(152)言语不多道理深。

The words are few, but the meaning is deep.②

---

① 例(148)、(149)转引自王国栋:《大学英语深层语法》,清华大学出版社,2005年第一版,第583页。

② 例(152)、(153)、(154)转引自赵志毅:《英汉语法比较》,陕西人民出版社,1981年第一版,第200页。

(153)得寸进尺。

Give him an inch and he will take an ell.

(154)说曹操,曹操到。

Talk of the devil, and he will appear.

另外,汉语中的流水句也是属于这种情况。流水句是指能随口说下去,很难直接判定这些小句之间是什么关系,语表没有连接词连接,但能加上关联词语的复句。(参见王维贤,1994:298)例如:

(155)这是我们这里最优秀的人物,一个美国留学生,他说他得过什么博士硕士一类的东西,洋名 George,在美国他叫乔治张,在中国他叫张乔治。

(156)在外边,人家不再喊他丁四,都称呼他丁师傅,或是丁头儿;你看,他乐得并不上嘴儿;回到家来他的神气可足了去啦,吹胡子瞪眼睛的,瞧他那个劲儿!

以上例句可以看出,流水句是一种口语现象,在句法上是最能体现汉语意合特点的句子。吕叔湘曾经指出:"汉语口语里特多流水句,一个小句接一个小句,很多地方可断可连。"(吕叔湘,1984:501)胡明扬等从语音、结构和语义三方面考察了流水句的特征,认为流水句"至少包含两个或两个以上独立句段","是一种在句终句段也出现语调、语义联系比较松散,似断还连的无关联词复句"。(胡明扬,1989)吴竞存等着重从结构上考察了流水句,认为"相当多的流水句受主语牵动;承前(蒙后)某个成分为主语是流水句所以能组织起来的一个重要手段","流水句的分句多数由不完全的主谓句构成","有相当一部分流水句和连动结构、递系结构、双宾语结构有密切的关系",以及"流水句中存在非连续结构",等等。(吴竞存、梁伯枢,1992:350)

在连续的几个小句中,用不用连接词语,用不用成套的关联词语是构成流水句的必要条件。例如:

(157)他换上睡衣和拖鞋,拿起剃须刀架,打开洗澡间的顶灯和整容镜上的罩灯,他放了热水,把胡须剃了个干干净净。

(157')他先换上睡衣和拖鞋,接着拿起剃须刀架,随后又打开洗澡间的顶灯和整容镜上的罩灯,然后放了热水,把胡须剃了个干干净净。

(158)栓子的妈,甭害怕,开过多少回炮,一回也没打死咱们,北京城是宝地。

(158’)栓子的妈,甭害怕,开过多少回炮,但一回也没打死咱们,因为北京城是宝地。

以上例(157)、(158)是流水句,(157’)、(158’)用了多个关联词语,是一般的复句。通过(157)、(158)和(157’)、(158’)的比较还可以看出,(157)、(158)虽然语表上没有连接词,但完全可以添加进连接词,只是有了连接词就不是流水句而成了一般复句而已。

上文所谈到的通过词汇手段或句式手段构成的无连词并列句一般都不能添加并列连词,如果添加,反倒显得冗余。例如:

(159)我已经将你到家的大约日期通知他,他也许就要来了。

(160)谈话中止了,墙上时针的滴答声突然显得响起来。

3.3.1.3 小句间并列连接词隐匿的跨语言普遍性

在这里,我们将并列小句之间不是通过连接词而是通过其他关联手段连接或根本没有任何连接手段的(即意合)并列复句统称为无连词并列句。在英语里并列分句之间常常用 and、or、but 等并列连词连接,即并列连词通常会显现,但在现代汉语里并列复句用“和”和“并且”一类连词的情况是比较少的,即并列连词通常会隐匿。因此,人们认为意合法是汉语的“特点”。其实印欧语系语言,例如英语,也经常用意合法。在本书 3.2.1 节,我们考察到英语词语的并列有并列连词隐匿的意合现象;本书 3.3.1.2 我们还考察到英语的并列小句之间也有并列连词隐匿的意合现象;即使俄语这种形态十分发达的语言,也有意合句,例如:

(161) Лицо его расшилось, губы распухли, глаза налились слезами. (ТолостойЛ.)(他的脸变大,嘴唇红肿,眼睛充满泪水。)

(162) Сверкали молнии, гремел гром, дует вечер, дождь лил потоками. (ГорькийМ.)(电闪,雷鸣,风吼,雨流成河。)

(163) Все счастливые семьи похожи друг на друга, каждая несчастливая семья несчастлива по- своему. (ТолстойЛ.)(每个幸福的家庭都是相似的,但是每个不幸的家庭却有各自的不幸。)

(164)В школе шел ремонт своими силами : белили, красили, клеили, чистили, мыли, и всем руководила директриса Антонина Кондратьева.

（ВасильевБ.）（学校里的修理部是靠自己个人的力量创办的，刷白，涂色，粘贴，修理，清洗，所有的这一切都由厂长安东尼娜来管理。）

又如阿尔泰语系的保安语，虽形态变化比较丰富，并列复句的三种组成方式中有两种都是无连词形式。当分句的谓语有联结副动词形式表示，分句之间不用连词。例如：

（165）mokə χărdʐi /hajim ekədʐi/Gura butɕ.

云　出　雷　打　雨　下

起云，打雷，下雨了。①

当保安语各分句均采取单句形式，分句间也不用连词，只是在语气上前后各句之间互相一致或呼应。例如：

（166）Ndagu de xarnə，məsgu de məs dag（u）o.

吃的（语气词）够用　穿的（语气词）穿　能　是

吃粮够用，衣服也够穿。

再如同属汉藏语系的仡佬语，并列的几个分句之间，有的要用并列连词或起关联作用的副词，有的可以不用。例如：

（167）su^{33} i^{42} vu^{42} lɛ^{21} zə^{21}，su^{33} mu^{21} vu^{42} tshe^{55} aŋ^{13}，su^{33} u^{42} vu^{42} phɛ^{33} ei^{42}。

我　去　犁　田　你　去　挑　粪　他　去　栽　秧

我去犁田，你去挑粪，他去栽秧。②

（168）tɛ^{33} sɛ^{33} tsu^{21}ŋkau^{21}，tɛ^{33} la^{21} tsu^{21} ə^{42}。

树　椿　直　真　树　柳　直　不

椿树很直，柳树不直。

可见意合句是大多数语言的一种普遍现象。只不过汉语并列复句的意合法比较普遍而已。使用连接词语的句法形合手段，是英语等形态语言语法外显性（overtness）的显著特征之一，连接词语能先于语义而将逻辑关系显示出来，例如：

（169）He tried hard，but he failed.

（170）He tried hard，although he failed.

---

① 例（165）、（166）引自布和、刘照雄：《保安语简志》，民族出版社，1982 年第一版，第 79 页。

② 例（167）、（168）引自贺嘉善：《仡佬语简志》，民族出版社，1983 年第一版，第 262 页。

(169)由于 but 的出现,我们首先能判断出这是一个转折关系的并列复合句;(170) 由于 although 的出现,我们首先能判断出这是一个让步关系的主从复句。至于语义,则可能由于生词较多而不得其解。这种形式外显、语义隐含的特征在英语等形态语言的形合手段中都表现得十分突出,而以此反观汉语的词语、小句的黏合方式,往往大相径庭。

汉语是分析型语言,其典型句法特征是不具备丰富的形式变化机制,如名词本身没有单数、复数之分,动词本身没有过去时、现在时、将来时变化,故不能像英语那样给读者提供视觉上的句法结构提示(visual clue of syntactic structure),所以其语法关系呈隐含性(covertness)和模糊性,往往根据语义关系来构建语句结构,并且呈现出"意合对接"(paradoxical linkage)的基本特征。(宋志平,2003)

当然汉语的意合还同语体风格、个人风格和时代有关。例如:

(172)枯藤　老树　昏鸦　小桥　流水　人家
古道　西风　瘦马　夕阳西下　断肠人　在天涯(马致远《秋思》)

这完全是十二个词语的直接并列或连接,中间不用任何连接词。除非从句法、语义、语境三个方面协调联系、融会贯通,否则很难领略到诗句的绝妙意境。如果直接译成英语:Rotten vine old trees evening crows…只会让英语国家的读者不知所云。

汉语注重语义优先的特征在古汉语中最为明显,如"知彼知己,百战不殆;不知彼而知己,一胜一负;不知彼不知己,每战必殆"。三个句子只用一个连接词"而",它也完全可以不要,说成"知己不知彼"。在实际的交际中,句子的含义,上下文、语境的补充作用可以确定小句与小句之间或句子与句子之间的逻辑语义关系。如果照搬英语句子逻辑关系外显表达法,则会说成:"(若) 知彼(而又) 知己,(则) 百战(而) 不殆;(若) 不知彼而知己,(则) 一胜(和) 一负;(若) 不知彼(而又)不知己,(则将) 每战必殆。"意合的言简意赅与形合的逻辑外显在这里形成了鲜明对比。所以,不能说无连词并列是汉语语法的特点,只能说汉英各自的语言类型决定了汉语重意合,英语重形合的特点。

3.3.2　并列小句间连接词的显现

"要是没有虚词,或虚词使用不当,就组不成句子,特别是长句和复句,或者整个句子的组织成了问题。"(倪海曙,1984)正因有此需要,才有了连词的产生。连词的产生,也导致了语言表达结构复杂化、表义精密化和语言功能强化。丰富完善的并列连接词也是结构复杂化和表义精密化程度高、语言系统功能强的一个重要指标。邢福义先生(2001:31)讨论一般复句关系时指出:"对于隐性的逻辑基础来说,关系词的作用有四种,一是显示,二是选示,三是转化,四是强化。"这已全面揭示了连词对复句关系的控制作用。虽然无连词并列具有跨语言的普遍性,但连接词必然是复句的重要标志之一。汉语并列复句重意合也只是针对某些语义关系的并列复句,但大部分并列复句都要用并列连接词,有些没有用并列连接词的复句,在一定的语言环境中,只有加上适当的并列连接词,语义表达才能更为明确清楚;而且大部分并列复句,如果不用并列连词则不能构成并列关系,甚至不能成为复句。根据并列连接词的加用是任选的还是强制的,并列复句的分句间并列连接词的显现也可以分为并列连接词必有型和可有型两种。

英语两个分句之间,不论用哪一个并列连词,或用逗号或分号连接,也不管前后句子各表示什么意思,只要互不依从,不分主次时,一般均称为并列句,不再划分小类。本书3.3.1.2节考察到,除非有强烈的对比意义,英语并列分句之间一般不用逗号直接连接,否则分句间逻辑语义关系就会显得凌乱模糊。尤其是在英语诗歌中,主要是通过并列连词的使用使得结构、节奏和韵律更为整齐匀称,例如:

(173) When you are old and grey and full of sleep,
And nodding by the fire, take down this book,
And slowly read, and dream of the soft look
Your eyes had once, and of their shadows deep;

How many loved your moments of glad grace,

And love your beauty with love false or true,
But one man loved the pilgrim soul in you,
And loved the sorrows of your changing face;

And bending down beside the glowing bars,
Murmur, a little sadly, how Love fled
And paced upon the mountains overhead
And hid his face amid a crowd of stars.

(William Butler Yeats,"When You Are Old")

本书2.3.2已经归纳概括出汉语并列复句的语义关系类型,从大的逻辑语义关系方面可分为等立型、选择型和转折型三个类型,而等立型并列复句根据分句间语义关系又可分为平列关系、连贯关系和递进关系三个类型。汉语并列分句间并列连词的可有型只存在于等立型并列复句和部分转折型并列复句,而选择型和部分转折型并列复句的分句之间的并列连接词都是必有型。

3.3.2.1 小句间并列连接词可有型

并不是所有汉语等立型并列复句的分句间并列连接词都是可有型,也只有部分平列关系的并列复句和连贯关系的并列复句里的并列连接词是可有型的。

(一)平列关系的并列复句

这类关系的并列复句,各个分句分别用来说明一件事情,描写一种情况,或表达同一事物的某一个方面。每个分句说的事情之间,没有什么特殊的关系,只是几层意思的平列。按照语义再分,可分为并存并列、同时并列和交替并列。在这样的并列复句里,总是一个分句接着一个分句说下去,分句可以有两个以上。平列关系的并列复句通常采用不用并列连词的意合形式。如果用并列连接词,常用的并列连接词语有"也"、"又"、"还"、"一边……一边……"、"一方面……一方面……"、"一面……一面……"、"并"、"并且"、"既……又……""既……也……"、"同时"等等。我们在上文已经讨论过,不用并列连词的意合句,当然不能再加用并列连词,否则失去句子原来的美感和表达效果。这类关系的并列复句,已经有并列连接词的,如果删除并列连接词,有的依然为并列复句。例如:

(174)我一面陶醉在支部生活的空气中,一面深思着对于外人有着"魅力"的一些东西。(鲁迅《灯下漫笔》)

(175)这回他脸上堆上了笑容,并且对每一个人点头。(张天冀《华威先生》)

(176)她既不惊慌,也不愤怒。(杨沫《青春之歌》)

如果删除(174)、(175)、(176)的并列连接词,这三个并列复句依然成立。但从语义上来说,例(174)并列连接词删除前后略有差别。有并列连接词,前后分句的语义关系是交替并列;删除后,前后分句的语义关系是并存并列。

(二)连贯关系的并列复句

这类复句分句与分句之间表示连贯的关系,或表示动作的连贯(叙述连续发生的几个动作),或表示事情的连贯(叙述连续发生的几件事情),或表示事理的连贯。连贯关系并列复句像平列关系并列复句一样,可以包括两个以上的分句。连贯关系并列复句的分句间可以通过动作、事情发生的先后或事理发展的顺序直接组合,也可以通过并列连接词连接。常用的并列连接词有"便、就、于是、然后、接着、跟着、可见、终于""一(经)……就(便)……""随后"等。例如:

(177)我下楼在门口买了几个大红桔子,塞在手提灯里,顺着歪斜不平的石板路,走到那小屋的门口。(冰心《小桔灯》)

(178)他们从地上爬起来,揩干身上的血迹,掩埋好同伴的尸首,他们又继续战斗了。(毛泽东《论联合政府》)

例(177)、(178)都没有使用并列连接词,但可以在(177)"顺着"前面加上表连贯的并列连接词"接着",在(178)第二个"他们"前面加上"然后"。

又如:

(179)他看见觉群站起来,便也站起来。(巴金《秋》)

(180)他给予了他一个"再见"的眼光,便朝着与家相反的方向很快地跑去了。(丁玲《太阳照在桑干河上》)

(181)冬天过了,春天就会来的。(巴金《秋》)

(182)我打了一个冷噤,于是一个怜悯的感觉从心底升了上来。(巴金《沉落》)

例(179)、(180)、(181)、(182)都有表连贯关系的并列连接词,如果去掉这些并列连接词,这些连贯关系的并列复句依然成立。

(三)转折型并列复句

本书2.3.2我们已注意到汉语传统转折复句分为让步式和突转式两种类型,前者属于偏正复句,后者属于并列复句。转折型并列复句的两分句没有对比强调或相互排斥的关系,都是叙述事实,只是后分句从语义上对立于前分句,或后一分句进一步补充限制前一分句;最常用的并列连词是“但是”、“而”,它们都与英语的典型转折关系并列连词 but 相对应。英语的并列连词 and 也有表达转折关系的功能。例如:

(183)I like reading and my brother likes watching TV.

我喜欢读书,而我弟弟喜欢看电视。

在语表上,汉英语转折型并列复句不配套使用关联词语,只在后分句单用,汉语常用的并列连接词还有“但、可、可是、然而、不过、只是、反而、却、其实”等;英语常用的并列连接词有 but、however、while、whereas 等等。吴婧(2006)讨论了汉语转折连词用与不用以及用什么转折词所表现出的语气强弱的差异和英语的互译关系。她认为英语和汉语转折表达都有形合和意合。在英语中前后两个分句语义明显对立时,用 but 比不用 but 语气更强,她的举例是 a. She was stacking the plates away; her hands moved slowly, reflectively. Dave kept an anxious silence. (R. Wright, “The Man Who Was Almost a Man”) b. She was stacking the plates away; her hands moved slowly, reflectively. But Dave kept an anxious silence. 通过她的举例可以看出,以上两个句子反映的都是句子与句子之间的关系,而非分句与分句的关系,英语转折关系并列复合句里的并列连词 but 一般是不能隐匿的,否则分句间的结构及语义关系显得凌乱模糊,例如:

(184)a. John is poor, but he is happy.

b. * John is poor, he is happy.

例(184)b 因 but 的删除,句子不合法。

汉语转折型并列复句里的并列连接词既可以显现也可以隐匿,只是隐匿时转折的语气要弱些,例如:

(185)a. 讽刺必须幽默,但它比幽默厉害。(老舍《谈幽默》)

b. 讽刺必须幽默,它比幽默厉害。

(186)a. 我们应该注意自己不用言语去伤害别的同志,但是,当别人用言语来伤害自己的时候,也应该受得起。(刘少奇《论共产党员的修养》)

b. 我们应该注意自己不用言语去伤害别的同志,当别人用言语来伤害自己的时候,也应该受得起。

(187)a. 他见人很怕羞,只是不怕我。(鲁迅《故乡》)

b. 他见人很怕羞,不怕我。

(188)a. 我的确时时解剖别人,然而更多的是更无情面地解剖我自己……(鲁迅《写在〈坟〉后面》)

b. 我的确时时解剖别人,更多的是更无情面地解剖我自己……

(189)a. 矛盾是普遍存在的,不过按事物的性质不同,矛盾的性质也就不同。(毛泽东《关于正确处理人民内部矛盾的问题》)

b. 矛盾是普遍存在的,按事物的性质不同,矛盾的性质也就不同。

通过以上举例可以看出,同为表转折关系的并列连接词,转折语气也有强弱之分,“但、但是>而、然而>只是>不过>其实”(“>”读作“强于”),语气越强的转折连词隐匿的可能性越大,如例(185)b、(186)b、(188)b只是转折语气不如(185)a、(186)a、(188)a强;语气越弱的转折连词隐匿的可能性越小,例(187)b因“只是”的去掉,句子语义受损,合法性丧失,(189)b“不过”去掉后,虽仍为并列句,但从语义关系上也可理解为解说关系的平列关系并列复句。

3.3.2.2　小句间并列连接词必有型

等立型并列复句中的部分平列关系复句、递进复句,选择型并列复句和部分转折型并列复句的分句间并列连词都是必有型。这些类型的并列复句的分句间不能靠意合直接组成,分句间的并列连词也不能去掉。

(一)平列关系并列复句

有的平列关系并列复句的连接词如果删除,则不再是并列复句而成为方式连谓单句,例如:

(190) a. 他一边拉着二胡,一边招揽顾客。　b. 他拉着二胡招揽顾客。

(191) a. 吴大伯一边呼喊,一边扑打着火苗。　b. 吴大伯呼喊(着)扑打火苗。

(190)、(191)并列连接词删除前是并列复句,删除后则成为方式连谓单句。再如:

(192)芸和琴一边谈话,一边跟随着他们。(巴金《秋》)

(193)我心里既高兴又难过。

(192)、(193)的并列连接词如果删除则违背客观事理。例(190)至(193)这些并列复句的并列连接词是不能删除的,因此它们是并列连词必有型的并列复句。

(二)递进关系并列复句

递进关系并列复句,分句之间的语义以一层为基点向另一层顺递推进,也就是说一般强调后一分句,有时从数量方面,有时从范围方面,有时从时间或其他方面表现出来。结构上,递进关系并列复句的分句间一定要用并列连接词连接,不用连接词语就会成为平列关系。递进关系并列复句的典型并列连接词是"不但……而且……",其他的"不仅……而且……""不只……而且……"等都是同类的词语。"不但、不仅"等常与"也、还、而且、并且"等配套使用,产生关联作用,有时可以只用后一个,不用前一个("不但、不仅"等)。但是不能只用前一个并列连接词("不但、不仅"等)而不用"而且"、"并且"等后一个并列连接词,这样语意就会不完整,句子难以成立。例如:

(194) 我以为学校不但造就学生,并且应该造就教授。(钱钟书《围城》)

(195) 吴毅不但到了 x 团,而且已经参加过两次作战了。(刘白羽《政治委员》)

(196) 骄傲自满是我们的一座可怕的陷阱;而且,这个陷阱是我们自己亲手挖掘的。(老舍《出口成章》)

(197) 这回她的变化非常大,不但眼睛凹陷下去,连精神也更不济了。(鲁迅《祝福》)

(198) 看戏是有味的,而况在北京呢?(鲁迅《社戏》)

(199) 滥用方言和"歇后语"的结果,非但不能达到丰富语汇的目的,反而使得文学语言流于粗糙庞杂。(茅盾《新的现实和新的任务》)

例(194)、(195)的两个分句用"不但……而(并)且……"连接,是典型的递进关系的并列复句。例(196) 只用单个并列连词"而且",与配套使用的关联词语相比较,在表达意义上有细微的差别:一般来说,单用一个并列连词,表示两层意思都让听者知道,但说话人心目中,第二层意思更为重要;用两个关联词语前后呼应时,表示第一层意思听者已经知道,说话者说话的目的,在于撇开第一层意思,突出第二层意思。(刘振铎,1985:48)例(197)用了“不但……连……也……”式,有助于加重递进语气。例(198)的“而况”意思相当于“何况”,根据前一分句这里可以理解为“更何况”的意思,而且带有反诘语气。例(199)的“非但”与“不但”意思基本相同,这里还与“反而”配套使用,是以第一层意思为背景,更加衬托后一层意思。以上各句的并列连接词都必不可少,如果去掉这些并列连接词,要么改变了分句间的语义关系,要么句意不完整,很难成句。

(三)选择型并列复句

选择型并列复句中连接词的必有,主要指不相容析取式并列复句。汉语不相容析取式并列复句大致又可分为两类,一,“数者选一”,分句可以在两个以上,语气灵活,常用关联词语“或者……或者……或者……”、“是……是……还是……”来表示;一,“非此即彼”,或“二者必居其一”,只有两个分句,语气肯定,一般使用成对的关联词语,常用关联词语“不是……就是……”、“要么……要么”、“与其……不如……”来表示。例如:

(200) a. 或去武汉,或去上海,或去香港(大家再商量商量)。

b. 去武汉,去上海,去香港。

(201) a. 或是你去,或是他去,或是你俩一块去。

b. 你去,他去,你俩一块去。

(202) a.(然而看他后来的情形,)她是没有懂,或者是并不相信的。(鲁迅《伤逝》)

b. 她是没有懂,是并不相信的。

(203) a. 或许真的他是有更紧要的事,或许他马上就会转来。(丁玲《太阳照在桑干河上》)

b. 真的他是有更紧要的事,他马上就会转来。

(204) a. 他们心里也许有些后悔,不该这么冒冒失失走来,也许有些怨恨那些走远了的人。(孙犁《荷花淀》)

b. 他们心里有些后悔,不该这么冒冒失失走来,有些怨恨那些走远了的人。

(205) 歌颂呢,还是暴露呢?(毛泽东《在延安文艺座谈会上的讲话》)

(206) 这与其说是我对于海边风景的特殊爱好,毋宁说是想印证一下童年时代看到的那次海市的情景最大的好奇心。(峻青《沧海日出》)

例(200) a、(201) a、(202) a、(203) a、(204) a 都是“数者选一”,(200) a、(201) a 的分句是三个,(202) a、(203) a、(204) a 的分句是两个;例(205) (206)是“二者必居其一”,例(205)“还是”含有疑问口气,“或者”只表示选择义系。例(206)“与其……毋宁”表示在衡量得失的两项事物中加以选择,或者是说话人认为某种做法不妥,而提出另一种(在说话人看来,后一种比较好),先舍后取,语气比较委婉。

选择型并列复句的并列连接词属于句子核心成分,“数者选一”型的选择复句里的并列连接词如果去掉,则可能变为平列关系并列复句,如例(200) a、(201) a、(202) a、(203) a、(204) a 的并列连接词去掉,则成为例(200) b、(201) b、(202) b、(203) b、(204) b,它们都是平列关系并列复句;而“二者必居其一”型选择型复句里分句间的并列连词如果删除,则句子语义缺乏完整,所以合法性丧失,如(207) b、(208) b。

(207) a. 我叫高第回家,不是私自放了她,而是想也把她介绍进来,做特务。(老舍《四世同堂》)

b. 我叫高第回家,私自放了她,想也把她介绍进来,做特务。

(208) a. 他可是始终没有开口,不是故意的冷淡,而是实在没有心情顾及这点小事。(老舍《四世同堂》)

b. 他可是始终没有开口,故意的冷淡,实在没有心情顾及这点小事。

通过汉英小句间并列连接词的隐匿与显现的对比考察,我们可以看出汉英并列复句都存在并列连接词的隐匿与显现,只是英语以并列连接词显现为主,而汉语以并列连接词隐匿为主。并列连接词显现是两种语言的共性,并列连词隐匿的程度反映了两种语言的差异。这种差异是由汉英各自的语言类型(linguistic typology)决定的,汉语是意合型语言,语句或分句之间关系的连接靠语序和语义关系来维系,而英语靠句法标记词来标明语句或分句之间的结构关系。

不管是并列句还是主从句,句际间一般都带某种形态标记,包括助词和词缀,其中有的除了标示句际关系外还带有一定的词汇意义,有的除了句际关系标记作用外没有词汇意义。（张伯江,2009）通过汉英分句间并列连词标记隐匿的对比考察,我们还可以总结出一条连接词隐匿的跨语言共性:除了关系标示作用外没有词汇意义的连接词都可以隐匿。当英语 and 仅仅连接两个并列分句,标明并列关系时一般可以隐匿,可用冒号或分号取而代之。与之相对应的是汉语等立型并列复句中的平列关系复句,分句间的并列连词通常隐匿。部分连贯关系、转折型并列复句的分句间并列连接词也可以隐匿,但如果并列连接词显现,句际关系更加明确。而递进关系并列复句和选择型并列复句的分句间并列连接词不能隐匿,因为这些情况下的并列连接词除了标明分句间的并列关系外还有词汇意义。这条共性也适用于汉英语主从复句分句间的连接词,如英语中引导主语从句、宾语从句的连接代词,引导定语从句的关系代词因为没有词汇意义,一般都可以隐匿（省略）,而引导状语从句的连词都有词汇意义,一般不能隐匿。另外,汉语分句间看似连接词隐匿的句子,也暗含词汇手段或特定句式等帮助构成并列关系的方式。

3.4　本章小结

这一章我们通过对汉英并列词语、并列复句中连接词隐匿与显现的考察,发现它们表现出以下共性:

共性一:并列连接词显现和隐匿共存于绝大多数语言。

共性二:并列连接词隐匿的分布范围比并列连接词显现的大具有跨语言的共性。

共性三:随着句法结构单位由小到大,并列连接词隐匿的可能性存在着一个由低到高变化的等级序列,即:词与词并列→短语与短语并列→分句与分句并列。结构层级小的句法单位是构成结构层级大的句法单位的基础,一般须有句法标记来标明句法单位之间的结构关系。随着句法结构单位不断扩大,逐渐接近交际层面,语义关系越来越灵活,句法单位的独立性越来越强,因此句法标记的存在有时反而显得冗余。如阿尔泰语系蒙古语族的土族语只有一个并列连词,而且只用于并列词语;汉藏语系藏缅语族的普米语并列连词只用于并列词语,而并列复句各分句间一般不用连接词。

共性四:无论是并列连接词还是从属连接词,如果连接词仅有连接作用而无标示句法关系作用则连接词一般可以隐匿;如果连接词同时有连接和标示句法关系的作用,则连接词一般必须显现。

共性五:汉英都可以不用连接词而通过标点符号连接并列项来构成并列词语和并列复句。

共性六:汉英都可以不用连接词而通过排比、对偶、顶针等句式手段来构成并列复句。

共性七:汉英并列词语中连接词的数目都有以下几种情况:并列连词数目比并列项少一个;不管有多少个并列项,只用一个并列连接词;并列连接词的数目等于并列结构语义层次的数目。

共性八:选择、递进、转折关系的并列复句一般都要用并列连接词连接。

通过对汉英并列词语、并列复句中连接词隐匿与显现的考察,发现它们所表现出的差异是:汉语并列词语、并列复句中连接词隐匿的情形多于英语;英语并列词语、并列复句中连接词显现的情形多于汉语。但是,汉语的绝对无连词并列结构被限定在很小的范围内。因此,汉英的这种差异是相对的,只有程度的差别。造成这一差异的原因在于汉语和英语各自语言类型的不同。首先,汉语是语义型语言(徐通锵,1991),而英语是形态型语言(潘文国,1997:115)。对于汉语来说,它不像英语那样有显露在外的形式,它不是通过形式(form)或形态(more phology)来表示语言成分间的关系,而是让语义本身来体现各种结构关系。再者,汉语是一种音足型语言,而英语是一种形足型语言。(潘文国,1997:115)从理论上来说,一种语言的组织,总有一种规律在起基本作用;如果只有一种规律,语言就会显得单调,因而总会有另一种或几种规律来起协调作用,从而使语言的组织变得多姿多彩。汉语的音节和节奏在汉语的组词造句乃至构建句子中起着重要的作用;而英语起基本作用的规律是形态,随着形态的简化,词序和虚词起了重要的调节作用。但词序和虚词在英语的使用中比较死板,虚词不是随便可有可无。

第四章

并列连接词与并列项的语序

4.1 引言

语序是普遍语法现象之一,也是语言研究的一个重要方面。语序是一种重要的语法形式,或者说是一种重要的语法手段。任何语言的语法都有个语序问题。语序不仅是表示语法结构、语法意义的形式,还是言语表达或修辞的手段。印欧语系语言,如英语,由于有比较丰富的形态变化,很多语法意义不是通过语序而是通过形态变化来表示的,因此语序相对比较自由。虽然如此,但语序对它们来说依然很重要,句子主语(S)、谓语(V)和宾语(O)的位置因语言类型的不同而相对固定,不能随意变动;但另一方面,又可以通过语序的变换以满足一定的语用目的。汉语由于缺乏形态变化,很多语法意义要通过语序来表示,汉语的句子类型也往往要通过语序来表示,所以语序在汉语的语法里显得特别重要。

语序有广义和狭义之分(吴为章,1995)。狭义语序一般指语素、词的排列次序;广义语序通常指各个层面、各种长度的语言单位和成分的排列次序。狭义语序是包含在广义语序之内的。广义语序包括语言单位排列顺序,简称"单位序",如语素序、词序、词组序、句子序、句群序等,也包括结构成分出现顺序,简称"成分序",如构词成分(词干、词缀)序、句子成分(主语、谓语)序、句法成分(述语、宾语、补语、中心语、状语、定语)序、分句序、句群序等。本书所要讨论的语序取广义语序,但不包括语素序和句群序。

从语序研究的历史和现状来看,主要有三大研究模式,即结构主义背景下的语序研究、功能主义背景下的语序研究、为追求语言共性背景下的语序研究。

在结构主义背景下,语序研究从最初的集中关注特殊现象逐渐过渡到同时考察一般和特殊,探究二者的关系和其中的制约条件;从开始阶段笼统地概括语序特点,逐渐转向对具体成分语序深入细致的描写,从单纯的分类和描写发展到重视归纳语序规则和制约因素,并不断引入相关的理论框架,充实体系;从单纯关注结构因素逐渐引入语义、韵律等相关因素。这些研究取得了丰硕的成果,尤其是其对语序现象详尽的描写,为以后的研究奠定了坚实的基础。但总的来说,单纯在结构主义的框架下,对语序问题的考察很难得到概括性和解释力更强的结论。(岳凌,2007)

功能主义背景下的语序研究很大程度上以结构主义学者已经作出的详尽的描写为基础,运用信息结构、象似动因、原型认知、焦点结构、论元结构等新的理论概念来对相关语序现象进行更为全面、深刻的解释。其中,象似性原则(即人们所感知到的现实世界与语言结构之间的相似性)成为功能主义在解释语序现象时的核心原则,无论是时间顺序、距离象似动因,还是目的物与参照物、信息量的大和小,都涉及经验世界与语言结构的相似性问题。当然,只有这一个大的原则还不足以解释所有的语序现象,否则人们所经验的相同的客观世界,很难导致不同语言中不同的语序现象的出现,也就很难解释语言之间存在的差异了。所以,这里还需要一些下位的原则和规则来补充和调整。而且跟结构主义背景下的研究成果相比,功能主义学者在解释语序现象时,主要强调的是语言外部的原因,对语言内部的结构、韵律等因素关注较少。

为追求语言共性和个性而对不同语言的语序对比,从而建立起一些新兴语言学理论。Comrie(1981)认为,现代语言学关于语言共性的研究,就方法而言,可以划分出两大派,分别以 Chomsky 和 Greenberg 为代表。

以 Chomsky 为代表的转换生成语法,在它的"短语结构"阶段时追求的目标是,"需要有一种理论,它不仅允许我们用另一个或另几个别的成分来替换某个成分,而且允许我们把句子全部重新安排",这也就是说,它追求的是一种有序的语言结构间的转换规则。转换生成语法发展到“管辖与约束”阶段时,它的转换规则只有一条:“移位α”(move α)。希腊字母“α”代表任何成分,但并非任何成分都可以随意移位,而必须有一系列原则来保证移位的合法性。在“管辖与约束”理论中作为核心的七个原则子系统就应运而生了,它们正是围绕“移位α”提出的,是实现这条唯一规则的制约条件或成功保证。由此可见,转换生成语法的建立,离不开语序研究,这一点,从“空语类”(包括移位产生的和在基础就有的)理论贯串在它的七个原则子系统之中,也能得到证明。可以说,“空语类”理论的实质,就是探寻语言成分从深层到表层的位序规律。又如,由 David Perlmutter 和 P. Postal 提出的“关系语法”,有人认为“是标准转换语法的一种变体。它是以线性次序为基础的模式。例如,‘被动’的语法特征在英语里是主语和宾语颠倒,汉语里是宾语移至动词前,日语是宾语移至主语前,等等”。(赵世开,1983)可以说,“关系语法”也是建立在语序变化上的语法理论。

语言类型学的语序研究通常采用语种定量研究的方法,通过跨语言、方言甚至跨时空的比较和统计,归纳、推理出语言的共性,并演绎为语言的语序共性原则,再通过语言进行验证。因此,在基本研究方法上语言类型学的语序研究与结构主义、功能主义大不相同。要对语言的语序类型进行统计,必须有个体语言的充分的描写研究,并借以建立相关跨语言的不同参项的语料数据库。因此可以这样说,在描写方面,语言类型学接近于结构主义;而在解释方面,又接近功能主义;但在目标上,接近而又不同于形式语言学派。形式语言学和语言类型学都非常强调语言的共性,都把追求人类语言的共性看作首要的理论追求,universal(共性或普遍性)成为两者共同的核心术语。以 Chomsky 创立的生成语法为主流的形式语言学主要把 universal(普遍的、共同的)当形容词使用,其基本目标是追求或发展具体语言下人类共同的语言能力,称为普遍语法(universal grammar, 简称 UG),每种具体语言的语法不过是普遍语法与具体语言特有规则结合而成的变体。语言类型学则在可数名词的意义上使用 universal,经常使用其复数形式,称为语言共性(language universals)。其基本目标是说明语言共性及其在各种语言中的变异情况。

语序类型学的几个主要研究模型(如 Greenberg,1966, Lehmann,1978, Hawkins,1983, Dyer,1992)都还没有把连词当作类型参项,直到 2005 年,Dryer

在 *The World Atlas of Language Structures* 中基于 611 种语言的数据库，才将状语从属连词作为语序类型参项，探讨了状语从句中，从属连词与从句的基本语序，状语从句与主句的基本语序。迄今为止，语序类型学研究中还没有把并列连词作为基本的语序参项。这一章我们以并列连接词的选用与并列词语、并列复句语序的关系为切入点、立足点，对比汉英并列词语的语序，对比汉英不同语义关系的并列复句里并列连接词的句法表征，以发现并列连词的语序类型及前后分句后移与前移所表现出的共性和个性。

4.2 并列连接词与并列词语的语序

汉语并列词语的排列顺序，早期的研究侧重于从语义、语音入手来探讨并列项排序规律，后期研究综合考虑了认知、语境、文化等因素，深入探讨了规律背后的原因。20 世纪 70 年代，陈爱文等（1979）针对并列双音复合词提出了“调序说”。他们后来又进一步探讨了声调和音节奇偶对各种并列式多音节固定词语的内部次序所起的作用。后期主要有廖秋忠（1992）提出了十条常见的现代汉语名词性并列结构的排序原则，这些原则之间的相互作用，以及语境在并列成分排序中的运用；张彦群（2002）、马清华（2004）综合了语音、语义、认知、文化等因素对汉语并列短语中并列项的语序作了进一步的探讨。英语并列项的排列顺序，Malkiel（1959）、Cooper 和 Ross（1975）、Allan（1987）都作出了较为深入的研究。汉英并列项语序对比研究文章也有一些成果，如石羽文（1984）、彭在义（1998）、邓云华（2005）等，但对比研究还不太系统，不太深入。而且，汉语并列词语语序以往的研究大都针对的是无连词并列词语的语序，无论是汉语还是英语已有的研究，都没有重视并列连接词与并列词语语序的关系。

4.2.1 并列连接词对并列项语序的活化

关于汉语语序与虚词的密切关系，《马氏文通》就已注意到，马氏认为虚词的使用与语序的关系十分密切，句读卷中马氏分析了各种语序倒置的情况。张斌、胡裕树(1989)在谈到《马氏文通》中语序与虚词密切关系的相关论述后,评论到:"今天大家都注意到虚词在句中的位置比较固定……可是实词次序的安排与虚词使用的关系,似乎反不如《文通》那样重视。看来过去的语法著作中,还有许多值得继承的内容。"这样的评论是十分中肯的。并列词语中,并列连接词就能加大并列词语内部的句法自由度,促使并列项语序激活。

句法并列正因为存在并列连接词、停顿等一系列语序激活因素(这些都是词法并列无法具备的),使得句法并列和词法并列在语序自由度上呈现质的区别,总体上呈逐级激活的趋势,即语序自由度随并列项语法层级的升高而提升。就二项并列结构而言,其语序自由度存在一条与"语素并列→词并列→短语并列→小句并列"相对应的"凝固→自由"的连续统。(马清华,2005:197)如图所示:

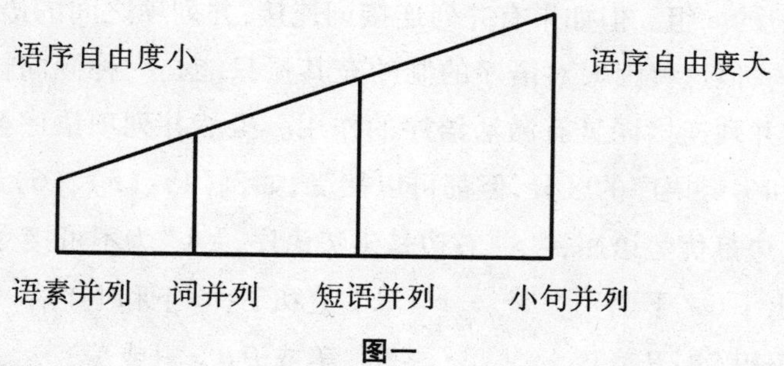

图一

在词法并列中,汉语双音节合成词,如"父母"、"呼吸"、"寒冷"等都是由两个语素构成的双音节合成词,两个语素凝结牢固,不可能添加进连接词或通过停顿来改变两个语素的语序,而且这些词在很多语言里都已经词汇化为一个单纯词,例如英语的 parent(父母)、friend(朋友),法语的 le frère(兄弟)、duper(欺骗),俄语的 Просто (简单)、дышать (呼吸),德语的 nacheilen (追逐)、eiskalt (寒冷)。汉语简称的二字复合词,词与词之间具有约定俗成性,凝固性很强,不用连接词连接,前后不能调换顺序。但这样的复合词翻译成英语得用并列连接词连接,英语中因为用了并列连接词,并列项的语序就具有了灵活性,例如:

汉语	英语
父子	the father and the son (>the son and the father)
中外	home and abroad (>abroad and home)

文史　literature and history (>history and literature)

军民　army and people (>people and army)

鱼水　fish and water (>water and fish)

妇幼　women and children (>children and women)

田径　track and field (>field and track)

以上汉语简称后的二字合成词翻译成英语后，“>”左边是优势语序，“>”右边是劣势语序，说明并列项语序换位的前后有优势语序和劣势语序的区分，劣势语序在一定的语境下是存在的，优势语序和劣势语序都可以接受。

汉语并列词语，也可以通过添加并列连接词使并列词语有序化程度相应减弱或消除。如上文所述，无并列连接词连接而通过词语直接组合而成的并列词语，并列项之间的语序具有强制性，语序一般是不可换位的，如例(4)、(5)、(6)、(7)、(8)的 a 组。但如果有并列连接词连接，并列项之间的语序虽然有某种因素的制约，但这些因素对语序的制约充其量只能是一种倾向性的，而非强制性的，因为并列连接词具有激活语序的作用。虽然并列项语序换位的前后，有优势语序和劣势语序的区分，但都可以接受，如例(4)、(5)、(6)、(7)、(8)的 b 组(“>”左边是优势语序，“>”右边是劣势语序，“*”为不可接受)。

(4)a. 上下(*下上)　b. 上和下(>下和上)

(5)a. 美丑(*丑美)　b. 美或丑(>丑或美)

(6)a. 父亲儿子(*儿子父亲)　b. 父亲或儿子(>儿子或父亲)

(7)a. 酷暑寒冬(? 寒冬酷暑)　b. 酷暑还是寒冬(>寒冬还是酷暑)

(8)a. 学习钻研(*钻研学习)　b. 学习和钻研(>钻研和学习)

在 3.2.2 我们已考察到，当并列词语并列项长短不一致，则必须遵守严格的音步规则来排列并列项之间的顺序，但是一旦通过并列连接词连接，则并列项间的语序可相对“自由”排列。汉语纯韵律结构的右向音步规则决定了无连接词连接的并列词语的并列项遵从严格的音步序原则，具体表现为偶数项在前，奇数项在后。冯胜利(2000:90~98)指出，汉语单音节形式不足以构成独立的音步。自然音步的音节“小不低于二，大不过于三”。由三个音节构成的音步是超音步，在任何一个奇数字串中，纯韵律结构至多允许一个三音节音步。汉语自然音步的实现方向是由左向右(即“右向音步”)，任何长度的奇数字串中，都从左边第一个字开始,而且都要"两字两字"向右组合而不可能中途出现三字段,直到最后剩下一个"单字尾",才将它跟左邻的音步组成一个三音节音步。也正因为如此,在纯韵律结构中,任何一个奇数字串都不可能出现大于三音节的音步,也不可能出现一个以上的三音节音步。(马清华,2005:298)在此节律约束下的并列词语韵律模式有(2+1,如例9)、(2+3,如例10)、(2+2+3,如例11)等,这些模式并列词语的并列项语序是不可逆的,如例(9)、(10)、(11)的a式。但是如果在这些并列词语的并列项之间添加连接词,则并列项的语序被打破,谁前谁后都可以接受,如例(9)、(10)、(11)的c式。

	无连词连接	停顿号连接	并列连接词连接
(9)	a. 钢笔纸(＊纸钢笔)	b. 钢笔、纸(>纸、钢笔)	c. 钢笔和纸(纸和钢笔)
(10)	a. 肥皂洗衣粉 (＊洗衣粉肥皂)	b. 肥皂、洗衣粉 (>洗衣粉、肥皂)	c. 肥皂和洗衣粉 (洗衣粉和肥皂)
(11)	a. 行李车票晕车药 (＊晕车药行李车票)	b. 行李、车票、晕车药 (>晕车药、行李、车票)	c. 行李、车票和晕车药 (晕车药、行李和车票)

例(9)、(10)、(11)的b式">"左侧是优化的语序选择,">"右侧是非优化语序选择。由此可以看出,通过停顿符号构成的并列词语,有序化也仅仅是倾向性优化,不具有强制性,非优化语序选择虽不那么顺口但依然合法可接受。通过并列连接词连接构成的并列词语,只要并列项之间不存在语义上的轻重差别,则结构基本上都是无序的。如例(9)、(10)、(11)的c式,并列项换位,优劣差别不明显。由此可见,越是直接组合并列,对音步序原则的要求越严,反之则这方面的要求越松,并列项的语序自由度也越大。

英语里,除非两个语素已经词汇化成一个词,或两个词复合成一个有独立读音、独立意义的新词,词与词、短语与短语的并列一般都是通过并列连词连接。英语并列词语并列项不像汉语那样遵守严格的音步规则,一般是以音节短的并列项放在前,音节长的并列项放在后为优势语序,但这也不具有强制性,在特定语境下,并列项语序还是可以变换的,例如:

(12) clever and capable (>capable and clever)

(13) whisper and giggle (>giggle and whisper)

(14) love or hatred (>hatred or love)

(15) insist or give up (>give up or insist)

另外,在 3.2.1.4 中我们也指出,哪怕是同一语义范畴同一语义层级的词语之间,除了具有聚合关系外,也可以形成组合关系。并列连词的出现,不仅能改变非并列关系,构成并列关系,而且能激活前后项之间的语序。例如:

(16) a. 棉布裤子 <定中>(*裤子棉布)

b. 棉布和裤子 <并列>(裤子和棉布)<并列>

(17) a. 学校医院 <定中>(*医院学校)

b. 学校和医院 <并列>(医院和学校)<并列>

在这方面,英语跟汉语有同样的句法语序表现,例如:

(18) a. apple pie <定中> (* pie apple)

b. apple and pie <并列> (pie and apple)

(19) a. cotton dress <定中> (* dress cotton)

b. cotton and dress <并列> (dress and cotton)

跟呈强制序特征的词法并列(除未规范的同义逆序词外)相比,句法并列的语序确定性和强制性明显减弱,并列连接词显然是激活并列项语序的重要因素之一。

4.2.2 并列连接词对并列项语序的标示

4.2.2.1 并列词语并非绝对句法"自由"

就句法本质而言,并列关系是一种无序结构。各并列项之间自由变换顺序不会影响并列结构的结构关系和句法功能,这是它跟其他句法关系的区别性特征。赵元任(1979:139)说:"并列结构中的项目次序语法上是可逆的,虽然习惯上是不可逆的。"《现代汉语》(北京大学中文系编写)对联合短语的定义也指出,各并列项的地位是平等的,位置是可以互换的,各项不分轻重主次。句法成分关系中的"主谓、动宾、动补、定中、状中"和复句关系的"偏正"等名称本身就蕴涵了基本固定的语序格局,"并列"却不能标明这种关系。并列组合不存在有序化的动机,因为依靠句法,无能为力实现它,非但如此,反而还需要在语序上消除对它的句法约束,以使并列项在可自由换序中表现出等量齐观的结构地

位。但是,在实际运用中,并列组合的无序并不是无限自由的。夸克(王国富等译,1985)在讨论英语并列结构时就曾指出:

有时候有这种说法,并列和主从的一个重大区别是,只有在并列关系中,两个语言单位才可以颠倒语序而不改变含义;即(以符号表示):

A + 连词 + B = B + 连词 + B

这种说法最多只讲对了一半。

确实,在某些并列的情况下,语序是可以颠倒的,例如:

Mary studies at a university and John works at a factory.

= John works at a factory and Mary studies at a university.

但是这种潜在的可能性取决于许多因素,并列项在语义上的关系仅仅是其中的一种。这些因素中,有的是句法方面的,其他则是属于语义或语用方面的不对称。例如:下面的两个例句显然有不同的含义:

(20) He died and was buried in the cemetery.

(21) He was buried in the cemetery and he died.

并列词语由两个或几个部分组成的并列项,从逻辑语义关系来说,汉语有平列、选择、连贯、递进和对立(或对比)这五种,而英语只有并列、选择和转折三种,英语将汉语中的等立、连贯和递进合为并列一类,不再细分,都用并列连词 and 来连接。为了表达多样化、精密化的需要,并列组合中必然需要通过不同并列连接词的选取来明晰并列结构中不同逻辑语义关系的区别。虽然"并列词语"从名称上就蕴涵了并列项的句法语序自由,但不同逻辑语义关系的并列连接词却标示了并列项有非固定语序和固定语序两种语序类型。

4.2.2.2 非固定语序

由标示平列关系和选择关系的连接词连接而成的并列词语,各并列项位置可以变更,且其语法和语义关系基本不变。

汉语平列关系并列连词"和、跟、同、与"连接而成的如下并列词语,并列项都可以相互换位,如:

(22)她来了,带着面包和泥肠,就像什么也没发生。

= 她来了,带着泥肠和面包,就像什么也没发生。

(23)蔬菜和鱼都要吃。

=鱼和蔬菜都要吃。

英语并列连词 and 连接而成的如下并列词语,并列项也可以相互换位,如:

(24) He is honest and intelligent. = He is intelligent and honest. ①

(25) John and Mary are my friends. = Mary and John are my friends.

(26) We talked and laughed and drank. = We drank and talked and laughed.

汉语表示选择关系“或、或者和还是”连接而成的并列词语,并列项可以前后颠倒,而不影响语义关系,如:

(27)在草原或山谷里,我永远是个长不高的孩子。(路远《白罂粟》)

=在山谷里或草原,我永远是个长不高的孩子。

(28)说不清是伤心还是懊恼,耀鑫的口气变得火爆起来。(李杭育《沙灶遗风》)

=说不清是懊恼还是伤心,耀鑫的口气变得火爆起来。

英语表示选择关系 or 连接而成的并列词语,并列项也可以前后颠倒,如:

(29) You may go or stay. = You may stay or go. ②

(30) Which is better, wealth or health? = Which is better, health or wealth?

通过以上对比可以看出,汉英平列关系、选择关系并列连词对并列项语序的标示作用具有共性,都标示了并列项之间的非固定语序。以上所举汉英并列词语的并列项都可以任意颠倒顺序,句法结构位置无先后之别;无论怎么变换,对整个句子来说,语义依然保持不变,语义无主次之分。而且项目数还可以增加,这种非固定的语序数量可以用数学排列组合公式来表示,即 $n \times (n-1)$。如果并列项是两项,只有两种语序,如果并列项是三项,语序就有六种,如果是四项,语序则有十二种。(参见邓云华,2005:149)

4.2.2.3 固定语序

汉语表示承接或递进的“而”、“并”连接的并列项,各项位置不能随意变更,语序必须有一定的先后顺序。“而”的使用情况如:“战而胜之”不能说成*

---

① 例(24)、(26)转引自张道真、温志远:《英语语法大全》,外语教学与研究出版社,2001 年第二版,第 832 页。

② 例(29)、(30)转引自同上书,第 838 页。

"胜而战之","并"的使用情况如"讨论并通过"不能说成 *"通过并讨论"。

汉语由"而、却"连接起来的并列词语和英语由 but、yet 连接起来的并列词语,并列项之间的语义是示对立(或对比)的,例如:

(31) a. 他贫穷却幸福。

b. 他幸福却贫穷。

(32) a. 他步履缓慢却稳健。

b. 他步履稳健却缓慢。

(33) a. He is poor but honest.

b. He is honest but poor. ①

(34) a. He walks slowly but steadily.

b. He walks steadily but slowly.

汉英对比(或对立)关系并列词语,第二个连接部分的内容相对第一个连接部分的内容来看是出乎意料的,以例(31)a 为例,根据他贫穷这一点来看,他幸福就出人意料了。这种意外取决于我们的预想以及我们对世事的认识,对比(或对立)特征之间有先后顺序,因此语序固定。

4.2.3　非固定序的可逆性程度

汉语并列连接词具有多义性,如并列连接词"而",既可以连接平列关系的并列项,也可以连接连贯或递进关系的并列项。前者并列项的语序不固定,而后者并列项的语序固定。英语并列连接词 and 前后的连接项除了是平列关系,还可以是连贯或递进关系,而且还可以是非并列关系。因此,英语并列连接词 and 前后的连接项是平列关系时,语序才是自由的,而前后并列项是连贯、递进关系或非并列关系时,并列项语序不自由。汉语同为连接体词性并列项的一组并列连接词"和、跟、与、同、及",即使连接的并列项之间都是平列关系,但是因为这些并列连接词之间本身的语义差别,也并非所有这些并列连接词连接的并列项语序都是自由的。如吕叔湘、朱德熙《语法修辞讲话·第三讲"虚词"》说:

① 例(33)、(34)转引自张道真、温志远:《英语语法大全》,外语教学与研究出版社,2001 年第二版,第 841 页。

"'及'是从文言里继承过来的,可是它跟'与'的意味不同些;因为它本来是'由此及彼'的意思,所以它的前后两头显然有主要和次要或先和后之分。"由此看出,并列连接词对并列项语序的标示,作用有限。就是并列连接词标示为非固定语序的并列词语中,并列项语序绝对自由的也只有少数,即使由等立连接词连接的并列词语,部分并列项表层句法结构是无序的(显层),但在深层(隐层)是有序的。有的并列项语序可以改变,但在语义或表达效果上有细微的差别;有的并列项,必须从人类认知心理、语音、语义层面、使用习惯或语用表达效果上满足其有序化要求,以实现语言优化,因此它们的语序可逆性程度很小。

4.2.3.1 汉英并列词语排序共同制约因素

汉语界对并列词语并列项排序原则的探讨,可以概括为五家不同的观点:

王国璋(1979)指出有三个方面的原则:一是把认为重要的主要的东西放在前边;二是用词和词序在习惯上、传统上已凝定下来的;三是按照客观事物的各种规律排列词序。此外他还谈到语言环境在很大程度上规定着词语的顺序。

黄汉生(1981)认为并列词语在语序选择上是很有限度的。首先,讲话的重点往往影响并列词语的语序;其次,在习惯上、传统上已经固定的排列不能随意变动;还有客观事理的逻辑顺序反映到并列词语中,也不能变更词语的顺序。

周荐(1986)从语意上和语音上谈并列词语的排列顺序。其主要观点是习惯上把用来称好、大、重要、习用一类事物、现象的词语放在次末;两个词的声调一平一仄时,以前平后仄为常,两者同为平声或仄声,但有阴与阳、上与去之分时,则以前阴、上,后阳、去比较多见。

廖秋忠(1992)归纳出决定现代汉语中一般的、能产的并列名词性成分的十一条排序原则,它们是重要性原则、时间先后原则、熟悉程度原则、显著性原则、积极态度原则、立足点原则、单一方向原则、同类原则、对立原则、礼貌原则、由简到繁原则。

张彦群、辛长顺(2002)认为汉语并列结构组成成分排序大致遵循如下原则:时空原则、感知原则、文化原则、语音原则、逻辑原则、语境原则、语言习惯等。这些排序原则是以认知心理、社会文化、语音特性、逻辑事理、约定俗成等多种因素为基础而形成的。

英语并列项的排列顺序,可以概括为以下三个方面:

Malkiel(1959)作出了比较深入的研究。他提出了决定已定型的、不可逆(irreversible)并列二项式成分顺序的六个因素:一、成分之间存在的先后;二、社会结构中的优先顺序;三、两个对立特征之间力量的强弱;四、形式上的优先模式;五、语言本身已有的并列模式的模仿;六、外来的并列模式的借用。另外,他还粗略探讨了这些因素之间的相互作用。

Cooper 和 Ross(1975)探讨了凝固的即不可逆的并列项的语言环境,将制约排列顺序的原则分为语义的和语音的两大类,分析了它们之间的相互作用,以及这些原则在多大程度上受到了人类信息处理与认知过程的制约。他们还提出了决定排序的七条语音因素原则。这些原则是对 Malkiel(1959)的优先模式的更进一步充实。他们还对并列空间方位词加以研究,并以此为基础探讨并列顺序的心理基础。

Allan(1987)研究了英语并列名词性成分的排序问题,提出了七个决定名词性成分排序的层级,按对排列顺序所起的作用强弱依次为:一、熟悉性层级;二、话题 < 评论,旧 < 新信息层级;三、普遍的排列规约;四、有定性和指称性层级;五、人物、社会地位及角色层级;六、占优势的描写词语层级;七、形式层级。他根据 Bock(1982)的说法,认为这些层级反映了信息量的轻与重,即轻信息比重信息更容易在他人说话过程中从记忆里提取,所以出现在前面。

对并列词语排序原则的归纳不是研究的最终目的,我们还应通过这些语序原则挖掘并列词语一般的、普遍性的语序规律。综观汉英并列词语排序原则已有的研究,汉英并列词语语序都受认知心理、社会文化习惯、语用表达效果这三大因素的制约。

(一)认知心理因素

认知语言学或心理语言学认为人类的认知机制是制约语法结构语序的一个重要因素。语言是思维与认知的结果,是心理的表征。人类因自身的生理构造而用特殊的、一贯的方法来感知客体、人、空间、时间和它们的相互关系。(Clark,1973, Miller & Johnson-Laird,1976)

Greenberg(1966)指出:“语言成分的次序是与物质经验次序或知识次序相对应的。”认知语言学认为自然语言具有拟象性,即语言结构与人的经验结构或概念结构相似,也即语序映照着人的思维与认知的顺序,反映了人们所经验的世界结构。多数并列词语的语序是固定不变的，而且它们有着可以解释说明的理据和动因。并列项语序的象似性是指语言成分的排列顺序象似于事件范畴序列之间的相似关系。上文提到的"时空原则、逻辑关系原则、显著性原则、由简至繁原则、积极性原则"等等，都受制于认知心理因素。

Lyons(1977)观察到在人类世界里，人自认为是"宇宙的中心"、"万物的尺度"，所以总是以自身的标准来审视世界，从而提出了"自我中心"原则("egocentric" principle)。Cooper和Ross(1975)的"我第一"原则("me-first" principle)对此具有类似的看法。人们在观察和认识世界时总是以"我"，即一个"典型说话人"来作为出发点。(文旭,2001)这种典型说话人认知视点也反映在语言表达上。在时空表达上，典型说话人会以自身的位置作为视点，接近自身的事物更易被说话人所感知，所以优先表达。反映在并列结构中，就字面义而言，排在前面的词通常在时空上与说话人更接近或是逻辑上先发生的事情。例如：

(35)国务院常务会议讨论并通过促进中部地区崛起规划。

(36)中国一贯重视同奥地利在平等互利相互尊重的基础上发展和加强友好合作关系。(《人民日报》)

(37) Heinrich Schmidt was born, lived, and died in the city of Vienna.

(38) I have washed and dried the dishes.

汉语例(35)、(36)中的动词都是按照动作发生的先后排列语序。例(35)先讨论后通过，例(36)也是先发展后加强，这些有时间先后的并列项，其位置排列也都根据并列项的语义，自然地做出先后之分。

英语例(37)、(38)也是以单维的时间轴，多项动作的排列顺序对应于动作出现的先后顺序。

戴浩一(1990)认为："在涉及人体构造的感知领域，例如上下、前后，人类是偏爱上和前，不偏爱下和后。因为人体是向上直立的，双目长在前额不在脑后，走路是向前而不是朝后，这些普遍的感知约束在人类一切语言里都有表现。在汉语、英语，可能在大多数别的语言里，上和前表示正值，下和后表示负值。表示向度的说法，像多远、多高、多大等等，其取向也是上和前，不是下和后。"并列词语排序的显著性原则、积极原则等就是该论断的体现。由对空间"前"、"后"顺序的认知，通过隐喻，仿用到其他意义领域中，可以得出对时间、行为和事理等由简至繁原则、积极性原则。例如：

(39)咱们的活是每天跟着马歇尔巡检到港和出港的货船,查验货物和货单。(《小说月刊》2000 年第 3 期,第 7 页)

(40) ... and have the notion of a rowboat in a river going upstream and downstream. (Carl Edward Sagan, *Twelve Things I Wish They Taught at School*)

例(39)的“到港和出港”是按与港口距离的近、远来排列的;例(40)的 upstream and downstream 是按与河水流向的逆流而上、顺流而下来排列的。

(41)雅和俗究竟有共通的地方,不是不相理会的两橛了。(朱自清《论雅俗共赏》)

(42) It was the best of times, it was the worst of times, it was the age of wisdom, it was the age of foolishness, it was the epoch of belief, it was the epoch of incredulity, it was the season of Light, it was the season of Darkness, it was the spring of hope, it was the winter of despair, we had everything before us, we had nothing before us, we were all going direct to Heaven, we were all going direct the other way—in short, the period was so far like the present period, that some of its noisiest authorities insisted on its being received, for good or for evil, in the superlative degree of comparison only. (Charles Dickens, *A Tale of Two Cities*)

汉语例(41)和英语例(42)多组并列词语的并列项都是按评价的先高后低或品质的先优后劣的顺序来排列的,排在前面的并列项都是评价相对较高或很好的成分,而排在后面的都是评价相对较低或不好的成分。这样前后项语义对举、按先优后劣顺序排列的汉英并列短语还有很多,如:喜欢还是讨厌(like or dislike),支持或反对(for or against、support or oppose),接收或拒绝(accept or refuse),幸福与不幸(happy and unhappy),优势和劣势(advantages and disadvantages)等等。

(二)社会文化因素

语言是一种社会现象,是文化的符号和载体,又是文化的组成部分,社会文化的价值观念、心理取向、伦理道德等都会对语言结构产生制约作用,汉英并列词语组成部分的排序同样也会受到社会文化和社会习惯因素的制约。

“文化支配”对汉英并列词语排序的控制作用主要表现在以下几个方面:阳

性先于阴性,例如:国王及王后(king and queen)、男性或女性(male or female);成年先于未成年,例如:妇女和小孩(women and children)、父与子(father and son);人类先于动物,例如:美女与野兽(beauty and beast)。

言语习惯因素是人们长期约定俗成的结果,它往往有民族特点。同样的并列词语,在不同的语言里,其结构成分可能有着不同的排列顺序。例如:汉语是"新郎和新娘",英语却是"bride and bridegroom"。张志公先生说:"汉语的语序是人约定俗成的,它既反映了一定的逻辑事理,也反映了一定的语言习惯……汉语的语言习惯在并列关系的组合中尤为明显。比如一个并列式合成词,它的两个组成部分在意义上是相同、相近或对立的,按理,哪个在前,哪个在后,都不会影响逻辑事理,但是大家共同的语言习惯确定了只能这样说,而不能那样说。"例如:

(43)他们的品质是那样的纯洁和高尚,他们的意志是那样的坚韧和刚强,他们的气质是那样的淳朴和谦逊,他们的胸怀是那样的美丽和宽广。(魏巍《谁是最可爱的人》)

英语并列词语也同样受语言习惯的制约,例如 ladies and gentlemen 就是受"女士优先"的礼节习惯影响的结果。

(三)语用表达效果因素

任何句法结构的成立,目的都是为了语用表达,所以语用表达的需要也会制约并列词语的语序。比如语境原则(语境既指上文的言内语境也指文化语境和情景语境),按照时间先后原则,一般是"过去或现在",但在特定语境下,也可以说成"现在或过去";有些并列词语的语序,孤立地看似乎怎么排都可以,如:"北京、上海和天津",可以排成:"上海、北京和天津"、"天津、上海和北京"等多种形式,但放在一定的语言环境中,一些并列词语语序就要服从语境的调遣,按照语境的要求合理安排语序。如:

(44)长江与黄河分别是我国第一和第二大河流。

(45)Mary and her mother are watching TV.

例(44)中的"第一和第二"这一言内语境限制"长江、黄河"的位序,而不能颠倒,否则不合常理;例(45)的 Mary、her mother 的顺序也不能交换,因为如果 her mother 放在前面,代词 her 不可能有后指作用。也就是说,如果说成

"her mother and Mary are watching TV", her 和 Mary 不能同指,所以句意有歧义。

无论是汉语、英语还是其他语言,无论是口语还是书面语,无论是诗歌还是其他文体,都讲求上口入耳,流畅和谐的韵律美。因此,制约并列词语排序的语音原则也是一种语用原则。而且,汉英并列词语语序的语音规律在一定程度上也表现出较高的一致性。一般来说,音节数量少的成分位于数量多的成分之前,例如:

(44)而这一跃非同小可,那绿宝石的溶液眨眼间变成了雪白的剑,雪白的刃,雪白的炸弹,雪白的千钧巨石,雪白的呐喊和呼啸。(《散文选刊》)

(45) The weather will be rainy and changeable.

人们在张嘴说话时,口型一般都习惯由小到大,也即舌位一般都是先高后低。所以汉语并列词语中音核元音舌位高的一般在前,低的一般在后,例如:"大哭大闹"、"不捞不抢"、"不嫖不赌"、"又撕又扯",英语同样遵循这一规律,低元音在高元音之后出现,后元音在前元音之后出现等。无论是哪些限制原则,它们都会导致固定的并列,例如:"odds and ends"、"bread and butter"、"law and order"、"by hook or by crook"、"knife, fork and spoon"。

4.2.3.2 汉英并列词语排序的差异

由于汉英两种语言各自的类型特点、语言群体的民族文化以及言语习惯等因素的不同,从而导致了相同概念的并列词语不同排序的情形。

(一)语言类型的差异

汉语是声调语言,并列词语的排序首先得服从于平仄和押韵的需要,遵循调序规律和奇偶规律;英语是拼音语言,并列词语的排序首先得遵循音节的长短、元音的高低、辅音的受阻程度规律。比如,汉语的"石头、剪刀和布"是按先偶后奇的规律排序的,又如汉语的"文学和艺术",是按调序规律来排序的,而英语说成 art and literature,是按音节先长后短来排序的。再如,按调序规律来排序,汉语说成"或晴或雨",英语则按词首辅音受阻程度说成 rain or shine。

(二)文化、习惯差异

中国是以宗法为基本社会制度,以家族为细胞而建构起来的,小到一个家庭家族,大到整个国家,都以伦理为训条。在这样的社会结构中,人与人的各种关系纵横交错，在错综复杂的人际关系中，有两种关系最为重要，一是君臣之间的政治关系，一是父子、兄弟、族人之间的血缘关系。例如汉语一般只能说“祖父和父亲”，而英语却是 father and grandfather。

中国经历两千多年的封建社会，男尊女卑的儒家思想影响依然深远，如“绅士淑女”、“新郎新娘”。然而，由于西方女权主义的影响，妇女的地位有所提高，“女士优先”的礼节习惯也逐渐反映在语言表达上面，并列词语的排序也是如此，如 ladies and gentlemen、bride and bridegroom。

宗教作为一种独特的社会活动必将对语言产生巨大的影响。作为基督教基本教义的《圣经》对英语影响深远。在英语中，当神与人或物并列时，遵循神权优先的原则，例如：God and man（神和人）、Church and state（教会和国家）、lord and devil（上帝和魔鬼）、heaven and hell（天堂和地狱）等等。

（三）认知策略的差异

季羡林先生曾指出，语言之所以不同，其根本原因在于思维模式的不同。季先生说的“思维模式”就是我们说的“认知模式”，（鲁川，2005）而认知模式则主要受认知策略支配。认知策略的差异也体现在汉英并列词语排序差异，比如汉语并列词语中，当语义在心理上有轻重、强弱之分时，通常是重的、强的在前，轻的、弱的在后；英语通常是轻的、弱的在前，重的、强的在后，表现出同汉语相反的排序。如“救死且扶伤”（heal the wounded and rescue the dying）、“危险和困难”（difficulties and dangers）等等。又如，汉语一般是按生命度原则来排序的，动物比植物高级，所以说成“动物与植物”，而英语是相反的排序 plants and animals；又如，说汉语的人认为灾祸中孕育着幸运，所以“祸与福”是按事理先后顺序来排序，英语则主要是按照积极性原则中先优后劣来排序，而一般说成 weal and woe。由此看出，同一语义概念的并列词语，因为认知策略的差异，汉英语表现出相反的排序。

总之，就句法结构而言，汉语、英语及其他语言中的并列词语的顺序是自由的，成分地位是平等的，功能也是相同的。现实中，并列词语排序绝对自由的必然是少数，有一部分并列词语并列项语序改变前后，语义上有细微差别，语序依然有优势和劣势之分，但大多数并列词语的语序趋向于不变，语序的逆向可能性很小，即可逆性具有限制性。汉语这样的“意合”型语言，直接组合而成的并列词语,语序固定,并列连接词的出现,依然可以激活这些直接组合而成的并列词语的语序。通常所说的"并列词语"范围很广,涵盖很多语义关系类型,如连贯、递进和对比(对立)关系的并列词语,并列项语序是固定的,而且都有并列连接词来标示,所以说并列连接词对并列词语语序有标示作用。但并列词语的语序排列更多的是受认知语义、文化习惯和语境、语用表达效果因素的制约,成分的地位有高有低,有强有弱,并不完全平等和对称。因此,表层结构的相似并不表明深层语义的平等。并列词语的语序类型及制约因素可用如下图表示:

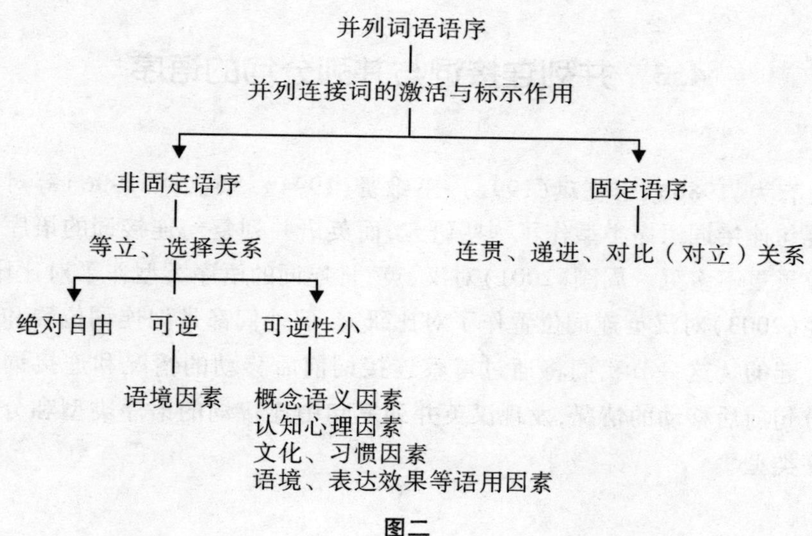

图二

至此,我们可以归纳出汉语、英语及其他语言并列词语语序存在的共性和个性。共性一:并列连接词可以将并列词语语序标示为非固定和固定两大类。共性二:并列词语的非固定语序又可以分为绝对自由、可逆和可逆性小三种次类型。共性三:当并列词语语序既不受概念语义、客观自然世界因素,也不受各民族文化习惯、认知心理、语用表达效果等主观因素影响时,并列词语语序倾向于绝对自由。共性四:并列词语语序的可逆与可逆性程度很小是相对的,当并列项语序受特定排序原则支配时,语序的可逆性很小;在特定语境下,为了达到一定的语用目的,并列项的语序又可以被打破。共性五:并列项语序的可逆性程度很小,是因为受一些排序原则的支配,虽然排序原则因不同语言存在参数差异,但都可归为认知心理、社会文化习惯、语用表达效果这三大制约因素。这些因素并不对立,往往是互相贯通的。个性:并列词语语序的不变,不同语言有不同的表现。如汉语,从句法结构来说,直接组合而成的并列词语语序是不变的。这样的并列词语语序取决于并列项的语义,概念语义语序不会受主观因素的影响,因此语序的可逆性有很大的限制性。有连接词的并列词语,其语序的可逆性程度小是因为它们受制于特定的排序原则。这些排序原则因语言类型、各民族的认知心理(可能相同,因为全人类拥有共同的认知生理基础,可能不同)、文化及言语习惯呈参数差异。

4.3 并列连接词与并列分句的语序

史有为(1986)、李晓琪(1991)、王维贤(1994)、张宝林(1996)等对汉语并列复句连接词语序类型作了一些研究,而英语并列复句连接词的语序类型研究成果更不多见。周刚(2001)对汉、英、日连词的语序类型作了对比研究,宋京生(2003)对汉英连词位置作了对比研究,但他们都是把连词位置和语序混在一起的。这一节我们将通过考察连接词前后移动的情况和连接词所连接的分句前后移动的情况,发现汉英并列复句中连接词的语序类型和分句间的语序类型。

4.3.1 并列连接词的语序

4.3.1.1 汉英并列连接词的语序类型

根据并列连接词是出现在前分句还是后分句,并列连接词可分为先行连接词(出现于前一分句)、后续连接词(出现于后一分句)和不定序连接词(出现在前后分句皆可)三类。例如:

(46) a. Water is <u>not only</u> the most common liquid in world, <u>but</u> it is <u>also</u> the most important.

b. 水不但是世界上最普通的液体，而且也是最重要的液体。①

(47) a. Either you come in person, or you entrust someone with the matter.

b. 或者你自己来，或者你就托人办理这件事。

例(46)a 的"not only"和(46)b 的"不但"都是先行并列连词；例(46)a 的"but also"和(46)b 的"而且"都是后续连词。例(47)a 的"either"是先行并列连词，"or"是后续连词，但是例(47)b 的"或者……或者……"却是不定序并列连词。

汉语并列连接词的先行、后续及不定序如表一所示：

表一 汉语并列复句连接词的语序类型分布

语序类型 / 语义关系	先行并列连接词	后续并列连接词	不定序连接词
平列关系	既…… 一方面…… 一来、一则、一者……	又、且、也 另一方面 二来、二则、二者 以及、同样、另外、此外、总之	一边……一边…… 一面……一面…… 一头……一头……
连贯关系		然后、而后、于是、跟着、接着、从而	
递进关系	不但、不仅、不单、不光、不只、非但、尚且、岂但、别说、……不说、……则已、不说……	而且、并且、况且、何况、而况、甚至、乃至、再说、再则、甚而、进而	
选择关系	是…… 不是…… ……也罢……也罢 ……也好……也好	还是 就是 而是	或者……或者…… 或则……或则…… 要么……要么…… 要不……要不…… 还是……还是……
转折关系		但是、可是、却、不过、否则、然而、只是、相反、反之	

英语并列连接词的先行、后续及不定序如表二所示：

① 例(46)、(47)转引自赵志毅《英汉语法比较》，陕西人民出版社，1981 年第一版，第 199 页。

表二　英语并列复句连接词的语序类型分布

语序类型 / 语义关系	先行并列连接词	后续并列连接词	不定序连接词
平列关系	on the one hand … never… not… neither…	and on the other hand nor (neither)… neither… nor…	
连贯关系	at first…	then…at last… and thus, then, likewise at the same time	now…now…
递进关系	not only and	but also as well moreover, furthermore, what's more, indeed	
选择关系	either… not…	or… but… or, or rather, or at least, or something	
转折关系		but, yet, however, still, only, otherwise, while, whereas, instead, rather, nevertheless, none the less, nonetheless, for all that, with all that, in spite of all that, notwithstanding all that, all the same, on the contrary	

4.3.1.2 汉英各语义关系并列复句中连接词语序的对比

(一)平列关系连接词

汉语的平列关系连接词与其他并列连接词相比其语序较为复杂,既有定序的,如“既……又、且、也”、“一方面……另一方面”等,也有不定序的,如“一边……一边……”、“一面……一面……”。在定序连词中既有先行的,也有后续的。定序为多,不定序为少,不定序的仅为几组同形双用关联格式。例如:

(48)既是老祖宗已做主,又有宫中传来的示下,还等我做什么!(刘心武《秦可卿之死》)

(49)我们现在一方面是知识分子太少,另一方面有些地方中青年知识分子很难起作用。(《邓小平文选·第三卷》)

(50)父亲瞪着我,问我,冉,你说,爸爸和客人眉目传情了吗? 心猿意马了吗? 一边是父亲,一边是母亲,你说我该怎么回答?(梁晓声《京华闻见录》)

英语平列关系连接词相对汉语来说要简单些,没有不定序的,而且多以单纯后续连词连接,如例(51);只有少数连接副词与连接副词、短语连词与短语连词构成的关联格式,如例(52)、(53)。

(51) She helped me, and I helped her.

(52) He has never been abroad, nor (or neither) (= and never) has he ever wished to go. ①

(53) Each generation believes on the one hand that the ancients were better than the moderns and on the other hand that the human race is continually progressing and improving. (Leopardi)

例(52)每个分句都有一个否定词,后续否定连接副词放在句首,后续分句都要倒装。例(53)是由先行短语连接词"on the one hand"和后续短语连接词"on the other hand"连接而成。

(二)连贯关系连接词

汉语连贯关系的并列连接词具有承上启下的作用,表示动作行为和事件发生的先后关系或者顺接下文。与其他关系的并列连接词相比,汉语连贯关系的并列连接词语序和位置都比较单纯,没有关联词语,都是单用的前置后续连接词。例如:

(54)每一个人,在某种场合、某个时间或某种心情下面,都可能为生活中的某种现象或事物所打动,从而发现和感受到诗意和美。(曾卓《诗人的两翼》)

(55)马占魁在他的家里盖起了八层八间的小洋楼后,就把全部心思都集中在打麻将上,通宵打,然后黎明时睡觉,县委为此警告过他多次。(邹志安《哦,小公马》)

---

① 例(52)转引自张道真、温志远:《英语语法大全》,外语教学与研究出版社,2001 年第二版,第 836 页。

(56)元春在版舆的摇荡中,心影里晃动重叠着自己与圣上的许多亲昵行止,于是情绪便又明亮畅然起来……(刘心武《贾元春之死》)

例(54)中的"从而",(55)中的"然后",(56)中的"于是"都是单用的后续连接词,在一连串事件中具有承上启下的作用。

在本书3.3.2节,我们已指出英语两个分句之间,不论用哪一个并列连词,或用逗号或分号连接,也不管前后句子各表示什么意思,只要互不依从,不分主次时,一般均称为并列句,不再划分小类。只是在与汉语对比中,我们将汉语并列复句的不同语义关系小类与英语对应。英语等立关系和连贯关系通常都是用同样的并列连词 and 连接,因此一般很难在它们之间划分出明显界线。例如:

(57) I called on John, and he welcomed me. ①

当然,英语也有通过连接副词构成关联格式,以表示动作行为和事件发生的先后关系,定序的如(58)"at first…then…at last…",不定序的如(59)"now…now…"。例如:

(58) At first he refused, then he agreed, at last he said no.

(59) Now the clouds were dark, now they were bright; now they looked like castles, now they looked like jungles.

(三)递进关系连接词

汉语的递进连词绝大多数是以异形双用关联形式出现,因此都是定序的,例如:

(60)高尔基在世界文学史上的伟大贡献,不但在于他的作品带来了劳动人民真实的性格和生活面貌,而且他是第一个把对英雄的梦想和人民争取自由的现实斗争联结起来的伟大作家,在于他是第一个把工人阶级的英雄形象和工人阶级的光辉前途表现出来的伟大作家。(曾卓《文学长短录》)

(61)植物尚且有开有合,何况是人?(邓友梅《在悬崖上》)

例(60)、(61)中的"不但……而且……"、"尚且……何况……"是汉语中常用的表递进的定序关联连接词。表递进的先行连接词也可以省略,只

---

① 例(57)、(58)、(59)转引自张道真、温志远:《英语语法大全》,外语教学与研究出版社,2001年第二版,第836页。

出现单个形式的后续连接词，或者本身就不以关联形式而以单个形式出现，例如：

(62)胡子提议今天往西边转转，那里有个幽静所在，而且他有点东西给大家过目。

(63)因一时的灾荒行乞求生是值得同情的，但为行乞成为一种习惯性职业，进而滋生出一种群体性的心理文化方式，则必然成为社会公害，没有丝毫积极意义可言了。(余秋雨《小人》)

(64)开始大多数汉族知识分子都是抗清复明，甚至在赳赳武夫们纷纷掉头转向之后，一群柔弱的文人还宁死不折。(余秋雨《一个王朝的背影》)

例(62)是先行连接词“不但”省略，后续连接词“而且”以单用形式出现；例(63)的“进而”、例(64)的“甚至”本身就是单用的后续连接词。

汉语中偏正复句通常采用关联词双用形式，而汉语递进关系的先行连词从数量上占了整个汉语先行并列连接词的多数，因此从关联词的分布来说，递进复句更接近偏正复句。(李晓琪，1991)从语义来说，递进复句的语义重心也在后分句，也与偏正复句相似。因此，把递进复句归进偏正复句似乎更合理。

英语表示递进关系的连接词，有的是定序双用关联形式，如例(65)的“not only…but (also)…”。

(65) When I went to collect my car last week, not only did the garage overcharge me, but they hadn't done a very good repair job either. ①

英语的先行连词 not only 也同汉语一样可以省略，前后分句只用后续连接词连接，例如：

(66) A reporter must first be a teacher, but must also view his function as that of a diagnostician.

与汉语相似，有的以单用形式出现，但不是并列连词，而是后续连接副词，而且一般与后续分句间有逗号分开，例如：

(67) He lives in a very big mansion; furthermore (or moreover), he is the

① 例(65)、(66)转引自王国栋：《大学英语深层语法》，清华大学出版社，2005 年第一版，第 573 页。

owner of ten factories. ①

(四)选择关系连接词

汉语表示相容析取的选择关系连词多数是同形双用,因此是不定序的,例如:

(68)或者是总经理,或者留在这里给我生孩子。(《北京人在纽约》[电视剧记录])

(69)他们给我留下的那些电话号码,要么是别的不相干的单位的,要么是些死号码。(梁晓声《京华闻见录》)

例(68)中的"或者……或者……"、例(69)中的"要么……要么……"都是同形双用,所以不定序,前后分句可以互换位置。

汉语表示不相容析取的选择关系连词多数是异形双用,因此是定序的,例如:

(70)毛主席要坐的椅子你都要提前坐一坐,是怕它舒适不到家?还是怕阶级敌人破坏安个炸弹什么的?(刘亚洲《恩来》)

(71)三年困难时期,东邻西舍,不是肝炎,就是浮肿。(谌容《减去十岁》)

例(70)中的"是……还是……"、例(71)中的"不是……就是……"是异形双用,因此是定序的,前后分句不能换位。

汉语选择关系的关联词语,不管是同形还是异形双用,都可以省略前分句连词,单用后续连接词连接。

英语表示选择关系的定序关联连接词只有"either…or…",如例(72),和"whether…or…",如例(73),没有不定序关联连词。

(72) Either they take over the city, or we try to defend it. ②

(73) I had asked him whether he had done all the work himself or he had had any assistance.

英语选择关系的分句间更多的是省略先行连接词,只用单个的后续连接词or,还可在or的后面加上rather、at least、something加强语气,从而构成短语连接

① 例(67)转引自张道真、温志远:《英语语法大全》,外语教学与研究出版社,2001年第二版,第1272页。

② 例(72)转引自同上书,第841页。

词 or rather、or at least、or something。例如：

(74) Will they give freedom to us? or must we fight for it?①

(75) He said nothing; or rather (more exactly), nobody had asked him.

(76) He will arrive at eight; or at least, he said he would.

(77) He will explain to her or something (= or do something like that).

(五)转折关系连接词

汉语转折关系的并列连接词与让步关系的偏正关联连词相比,语气要轻一些,且只能是单用的后续连接词连接,例如:

(78)他咬了一口白薯,确实是非常非常的甜,然而,再甜的滋味,也压不住他后悔的心情。(李国文《月食》)

(79)那么你的毋忘我,该是刚才大娘讲的那个妞妞了,不过,你比较一下,我美,还是她美? 我好,还是她好?(李国文《月食》)

例(78)前后分句用一个后续连词"然而"连接,前后分句语义没有轻重之分;例(79)前后分句用后续连词"不过"连接,前后分句也没有轻重之分。

汉语转折关系的并列连接词,绝大多数都是连词,也有少数是具有连接功能的其他词类,如"却"是副词,"相反"是形容词,例如:

(80)天气不冷,他却穿着棉袄。②

(81)错过了战机,就可能打败仗,相反,抓住了战机,就可能打胜仗。(转引自《现代汉语八百词》)

与汉语不同的是,英语转折关系的并列连接词大多数是后续连接副词(如例 88)和后续短语连词(如例 87),真正意义上的转折关系并列连词就一个 but (如例 82、83),另外后续连词 while(如例 84)、whereas(如例 85)和 only (如例 86)也能连接具有对比意义的并列分句。

(82) Kind words can be short and easy to speak, but their echoes are truly endless. (Mother Teresa)

---

① 例(74)、(75)、(76)、(77)转引自张道真、温志远:《英语语法大全》,外语教学与研究出版社,2001 年第二版,第 841 页。

② 例(80)转引自《现代汉语八百词》,第 459 页,例(81)转引自《现代汉语八百词》,第 575 页。

(83) In education we are striving not to teach youth to make a living, but to make a life. (W. White)

(84) Other men live to eat, while I eat to live. (Socrates)

(85) Wise men love truth, whereas fools shun it. ①

(86) He writes well, only he uses too many difficult words. ②

(87) I can't swim, none the less I will try to cross the river.

(88) All the rivers run into the sea, yet the sea is not full.

英语让步关系的从属分句连词可以前移，而英语转折关系的后续连词不能前移，试比较：

(89) a. He wouldn't listen , although I told him many times.

b. Although I told him many times he wouldn't listen.

(90) a. I told him many times , but he wouldn't listen.

b. * But he wouldn't listen, I told him many times.

例(89)b 是例(89)a 中的后续从属连词 although 移到句首的结果，例(89)b 和例(89)a 都是可接受的句子；但是例(90)a 中的并列连词 but 移到句首变成例(90)b，例(90)b 则是不可接受的句子。在一般复句分类体系中，通常都是按前后分句语义关系或结构来划分偏正（主从）或联合（并列）复句。通过以上比较我们认为，连接词的语序也是划分主从（偏正）或并列（联合）复句的重要形式标志之一。

通过汉英并列复句中连接词的语序类型和各语义关系并列复句中连接词语序表现的对比，我们可以概括出汉英并列连接词语序所体现的以下共性：共性之一，表一和表二的对比可以看出，汉、英两种语言都是后续连接词多，先行连词较少，表一共列出 72 个汉语并列连接词，后续连接词为 52 个，约占总数的 72.2%；表二共列出 53 个英语并列连接词，后续并列连接词为 44 个，约占总数的 83%。共性之二，两种语言的先行连接词一般不能单独使用，必须有相应的后续连接词搭配使用，而后续连接词则大多数可以单独使用。共性之三，两种

---

① 例(85)转引自王国栋：《大学英语深层语法》，清华大学出版社，2005 年第一版，第 577 页。

② 例(86)转引自张道真、温志远：《英语语法大全》，外语教学与研究出版社，2001 年第二版，第 842 页。

语言的同形双用关联连接词都是不定序的。共性之四为,两种语言转折关系的并列连接词都只有后续连接词而没有先行连接词。汉英复句中并列连接词语序的差异:表一和表二的对比还可以看出,汉语先行连接词多于英语,汉语不定序连接词多于英语。汉语为非形态语言,很多语法意义和句法关系都得借助虚词的使用,对于汉语并列复句来说,汉语有丰富的成对并列关联词语,而英语更多的是单用后续并列连接词。

4.3.2 并列分句的语序

汉语主从(偏正)复句分句语序的研究成果颇为丰富,汉语偏正复句的一般语序是前偏后正,吕冀平(1959)、孙云(1980)、景士俊(1992)、适达(1994)等对汉语前正后偏语言现象作了充分的描写;王力(1989)、赵元任(1986)、谢耀基(2001)等对这种易位现象的来源作了解释,都将它归为"欧化现象";田小琳(1990)、于树泉(1991)、胡宗哲(1996)、郑远汉(2003)等从修辞学角度对偏句易位作了研究;易匠翘(1992、2000)对偏正复句易位作了语义方面的分析。汉语并列复句分句语序的研究成果相对来说比较少,刘振铎(1985)在《现代汉语复句》的"分句语序变化"一节对并列复句分句语序变化有所涉足,但不够全面系统。夸克等(1985)将"并列分句语序定位"作为判定英语并列连词的六大特点之一。他们认为,以 and、or 和 but 开头的分句和它前面的分句是按先后顺序确定位置的,并列连词和连接副词都是这样,而大多数从属连词并非如此。周刚(2001)对汉英日先行连词和后续连词的移动情况作了对比,但比较笼统。其实并列分句的语序应该涉及两个方面,一是并列连接词和它所连接的分句整体移动的情况,二是并列连接词保持原位,前后分句换位的情况。这一节我们对汉英各语义关系并列复句中分句的语序作详细对比,以期发现它们语序类型方面的共性和个性。

4.3.2.1 平列关系分句语序

我们已经考察到,汉语平列关系的并列复句分有连接词并列和无连接词并列两种构成方式。在有连接词并列中,并列连接词又可分为定序、不定序两种。定序连接词构成的并列复句,连接词和分句一起是定序的,不能前后易位,例如:

(91)当然,他的动机,既无沽名钓誉的奢望,也无加官晋级的野心,纯粹吹牛爽心。(叶大春《三瘾录》)

例(91)中的等立连词"既……也……"是定序的,如果将例(91)易位成"当然,他的动机,也无加官晋级的野心,既无沽名钓誉的奢望,纯粹吹牛爽心"则不可接受。但是如果不考虑关联连词的移动,而只考虑关联词连接的内容,从语义来说,并列的前后分句语义等立平列,是可以易位的。如果将例(91)改成"当然,他的动机,既无加官晋级的野心,也无沽名钓誉的奢望,纯粹吹牛爽心",句子前后语义关系没有改变,因此依然可以接受。又如:

(92)(八舅)一边抱着线装古书啃,一边帮着母亲料理家事,真有点回头浪子的味道。(张胜利《八舅》)

例(92)中的等立连词"一边……一边……"是同形双用关联连接词,这样的连接词都是不定序连接词,如果将等立分句前后换序成"(八舅)一边帮着母亲料理家事,一边抱着线装古书啃,真有点回头浪子的味道",句子依然可以接受。

再如:

(93)我们的事业无比壮丽,我们的前途无限光明。

例(93)是无连词并列句,前后分句易位成"我们的前途无限光明,我们的事业无比壮丽",前后分句语义关系也没有变化,句子也依然能接受。

英语并列复句,一般都是有连词连接形式,而且大多数是定序关联连接词和单用后续连接词两种,很少有不定序的同形双用关联连词。例如:

(94)Talents come from diligence, and knowledge is gained by accumulation. ①

例(94)中的 and 是单用的后续并列连接词,and 开头的分句和先行分句,如果互换它们的位置成"And knowledge is gained by accumulation, talents come from diligence",则句子不可接受。又如:

(95) On the one hand, the project can help protect our environment; on the other hand, it can also bring us great benefit.

例(95)中的"on the one hand...on the other hand"是定序关联连词,它们各

① 例(94)转引自王国栋:《大学英语深层语法》,清华大学出版社,2005 年第一版,第 565 页。

自所引导的分句不能互换位置,如果把例(95)换成"On the other hand, it can also bring us great benefit; on the one hand, the project can help protect our environment",句子也不可接受。

英语也有不用连接词的无连词并列复句,这时,并列分句的顺序是可以交换的,例如:

(96) He heard an explosion; he phoned the police. ①

如果将例(96)的前后分句换位成"He phoned the police; he heard an explosion",句子依然成立。汉英意合并列分句都可以交换顺序,而不影响语义表达,这说明意合连接与有连词连接的区别在于前者允许两个分句之间至少存在一种关系,通过这种关系,第二个分句对第一个分句所描述的事情提供理由,或者是作出解释。

如果让例(94)、(95)中的并列连接词保持原位不动,仅仅交互它们后面所引导的分句,例(94)变为"Knowledge is gained by accumulation, and talents come from diligence",前后分句语义没有什么改变,句子依然可以接受;例(95)变为"On the one hand, it can also bring us great benefit; on the other hand, the project can help protect our environment",则仍然不可接受,因为变换后的第一个分句中的代词 it 对第二个分句中的名词短语 the project 不可能有后指作用。如果代词在位于句首位置的从属分句中出现时,如例(97),就有可能(但不一定)具有后指作用,句子有可能是可以接受的。

(97) Although she felt ill, my mother said nothing.

然而,并非所有 and 连接的并列分句都可以颠倒顺序而不改变分句之间的关系。英语并列连接词 and 连接的并列分句除了表示并列意义外,还可以表示主从意义。即使分句之间是并列意义,分句之间的顺序也很少是任意排列的。当然分句之间是主从意义,分句之间的顺序更是不能变换的,否则句子不能接受。在以下情况下,分句之间的顺序是不能互换的。

(一)前后分句互为因果关系

后续句是先行句的后果或结果,即先行句提供环境或背景,后续句所描述

---

① 例(96)转引自王国栋:《大学英语深层语法》,清华大学出版社,2005 年第一版,第 569 页。

的事情在这种环境或背景下发生,这样,先行句先发生,后续句后发生,因此前后分句是不能颠倒顺序的,例如:

(98) He heard a cry for help, and (he) rushed out. ①

例(98)的先行句"he heard a cry for help"是后续句"he rushed out"的原因或背景,后续句是先行句的结果。因此,如果前后分句颠倒顺序成"He rushed out, and he heard a cry for help",则句子不可接受。

(二)前后分句为让步关系

根据先行句的内容,后续句使人感到意外,因此先行句带有让步意味。例如:

(99) He tried hard, and he failed.

例(99)先行句相当于一个让步从句"although he tried hard",所以例(99)前后分句也不能颠倒顺序。

根据前后分句的语义关系,也有可能后续句表示让步,对先行句作补充说明。例如:

(100) I can not keep these plants alive and I have watered them well.

例(100)的后续相当于一个让步从句,对先行句作补充解释,前后分句也不能颠倒顺序。

(三)先行句是后续句的条件

(101) Give me some money and I will help you escape. ②

例(101)的先行句是一祈使句,后分句表示如果服从或接受这个命令就会产生的后果。因此,例(101)的前分句可以改成一条件从句"if you give me some money"。这样,前后分句的语序也不能颠倒。

4.3.2.2 选择关系分句语序

汉语选择关系分句的连接词有单用和双用两种形式,双用又分同形双用和异形双用两种。单用的连接词都是后续连接词,是不能前移的,例如:

---

① 例(98)、(99)、(100)转引自张克礼:《新编英语语法》,高等教育出版社,2003 年第一版,第 302 页。

② 例(101)转引 Quirk, et al. A Comprehensive Grammar of the English Language, London and New York: Longman, 1985, p. 1284。

(102)没有工作,玉吉不像别的待业青年一样,到处拉关系,找门路,或者一天三趟去劳动局吵闹。(姜天民《第九个售货亭》)

如果例(102)将“或者”开头的分句移到句首,变为“或者一天三趟去劳动局吵闹,没有工作,玉吉不像别的待业青年一样,到处拉关系,找门路”,则不可接受。

异形双用的连接词也不能互相换位移动,例如:

(103)三年困难时期,东邻西舍,不是肝炎,就是浮肿。(谌容《减去十岁》)

如果将例(103)中的异形双用连接词换位,则成“三年困难时期,东邻西舍,就是浮肿,不是肝炎”,句子也不能接受。

例(102)和例(103)如果不移动连接词的位置,仅仅将前后分句颠倒顺序,则成:

(102')没有工作,玉吉不像别的待业青年一样,一天三趟去劳动局吵闹,或者到处拉关系,找门路。

(103')三年困难时期,东邻西舍,不是浮肿,就是肝炎。

例(102')、(103')较例(102)、(103)前后分句语义关系没有什么变化,且都是可以接受的句子。

汉语同形双用的选择关系连接词和同形双用的平列关系连接词一样,都是可以调换顺序的,例如:

(104)他在花海中隐没了,或者匍匐在了花地上,或者就化作了花地。

如果将例(104)中的前后分句调换顺序,则成“他在花海中隐没了,或者就化作了花地,或者匍匐在了花地上”。前后分句语义关系没有改变,且都是可接受的句子。

英语选择关系分句的连接词跟汉语一样也有单用和双用两种形式,且双用也分同形双用和异形双用两种。单用的连接词也都是后续连接词,不能前移,例如:

(105) I send it to you or you come to take it?①

如果将例(105)中 or 开头的分句移到句首,则成“Or you come to take it, I send it to you”,句子不可接受。

---

① 例(105)转引自张道真、温志远:《英语语法大全》,外语教学与研究出版社,2001 年第二版,第 841 页。

英语异形双用的选择关系连接词,也不能交换位置,例如:

(106) Either you are mad or I am. ①

如果将例(106)中的异形双用选择关系连接词交换位置,则成"or I am mad either you are",句子也是不可接受的。

英语同形双用的选择关系连接词,及其所连接的分句之间是可以调换顺序的,例如:

(107) You can boil an egg, or you can make some sandwiches, or you can do both. ②

例(107)中的同形双用连接词"or…or…"各自连接的分句除最后一分句外都可以相互换序,句子语义关系不变,且都是可以接受的句子,只是不能把 or 移到句首。

英语选择关系的连接词,不管是后续单用还是异形双用,如果让连接词保留原位,仅仅将前后分句颠倒顺序,如例(105)、(106)变成:

(105') You come to take it or I send it to you?

(106') Either I am mad or you are.

例(105')、(106')较例(105)、(106)分句之间的语义关系没有变化,且都是可以接受的句子。跟英语等立连接词 and 一样,英语选择关系连接词 or 连接的前后分句并列也都能前后换序。连接词 or 引导的分句除了表示选择关系外,还可以暗示有一个否定的条件,例如:

(108) Give me some money or I will shoot.

例(108)就可以改成一个含有否定条件分句的主从复句:

(108') If you do not give me some money I will shoot.

所以,像例(108),前后分句是不能调换顺序的。

or 连接的分句前后有条件关系的用法与 and 这方面的用法类似,而又略有区别,or 通常是跟在一个否定的祈使分句后面,例如:

(109) Don't be too long, or you'll miss the bus.

---

① 例(106)转引自人民教育出版社 1987 年版高二《英语》,第 93 页。

② 例(107)转引自 Quirk, et al. A Comprehensive Grammar of the English Language, London and New York: Longman, 1985, p. 1286, 例(108)、(109), p. 1287。

例(109)也如同(108),可将前后分句改写成一个含有条件分句的主从复句,只是这时的条件分句是个肯定句:

(109') If you are too long, you will miss the bus.

不管前后分句的句式如何,只要前后分句从语义关系来说,有条件关系,前后分句的顺序就是固定的,不能随意调换。

4.3.2.3　递进关系分句语序

汉语递进关系的分句一般通过异形双用的关联连接词或单用的后续连接词来连接。单用后续连接词不能前移,例如:

(110)养熟的鸟还有飞走的时候呢,何况是一个人!(汪曾祺《大淖记事》)

如果将例(110)中的"何况"及后面引导的分句移动到句首,则成"何况是一个人,养熟的鸟还有飞走的时候呢!"句子不常用。

汉语异形双用的关联连接词引导的分句,先行连接词开头的分句可以后移成后续分句,而后续连接词引导的后续句可以前移成先行句,但后续连接词必须删除,例如:

(111)不但工业可以跃进,而且农业同样也可以跃进。

(112)不光我不相信,而且谁也不会相信这是事实。

例(111)中的关联连接词相互易位,"不但"及后面的分句后移成后续句,"而且"引导的分句成为先行句,"而且"必须删除,句子才可以接受,如(111'):

(111')农业同样也可以跃进,不但工业可以跃进。

例(112)中的关联连接词相互易位,"不光"及后面的分句后移成为后续句,"而且"引导的分句成为先行句,"而且"也必须删除,句子才可以接受,如(112'):

(112')谁也不会相信这是事实,不光我不相信。

英语递进关系分句的异形双用连接词只有"not only…but also…"一组,主要是通过后续的单个连接副词,如 moreover、furthermore 等连接。not only 和 but also 是不能颠倒顺序的,也就是说后续连接词不能前移,先行连接词也不能后移,它们两者都是定序的。而且,即使让 not only 和 but also 保留原位,分句之间也是不能调换顺序的,因为对于递进关系的并列复句来说,前后分句的语义并非平行对等,而是有语义重心所在,一般后分句都是要强调的重心所在。例如:

(113) Not only did she wash the dishes but she also dried them.

例(113)中的后续分句“but she also dried them”不能移到先行位置，先行分句“not only did she wash the dishes”也不能移到后续位置，即便“not only”和“but also”保留原位，“she washed the dishes”和“she dried them”也不能交换顺序。

后续连接副词 moreover、furthermore 等，也不能移动到句首，例如：

(114) The rent is reasonable, moreover, the location is perfect.

例(114)中的 moreover 及后面的分句不能移动到句首，成“Moreover, the location is perfect, the rent is reasonable”，这样的句子不可接受。当然，我们会经常看到 moreover、furthermore 等表示递进关系的连接副词放在句首，这时候 moreover、furthermore 等连接的不再是分句，而是句子或段落。

4.3.2.4 连贯关系分句语序

汉语连贯关系分句的连接词只有单用的后续连接词，如“于是、接着”等，没有成对的关联连接词，这些单用的后续连接词也不能移到句首，例如：

(115)对方又刨过来一只镐尖儿，于是一个碗口大的洞出现了。(孙少山《八百米深处》)

(116)耀鑫客套了几句，接着便跟她谈起庆元正式拜师的事来。(李杭育《沙灶遗风》)

例(115)、(116)中的前后分句，按事理关系来说，都有事情发生的次第顺序，因此，例(115)中的“于是”和例(116)中的“接着”及各自后面的分句不能移到句首先行句位置，即便连接副词保留原位，分句之间也不能交换顺序，因为前后分句的语义关系决定了它们的固定语序。

英语连贯关系的连接词也大多是单用的后续连接词，如中心并列连词 and 也可连接连贯关系的分句，另外如连接副词 then 等，当然也有少量的关联连接词，如表示次第关系的“at first…then…at last…”。同连接平列关系的并列分句一样，当 and 连接的分句与先行分句是连贯关系时，and 不能移到句首。即使 and 不移动，前后分句也不能变换顺序，因为第二个分句在时间上是接续第一个分句的。例如：

(117)I washed the dishes and I dried them. ①

首先,例(117)中的"and"不能移到句首,否则句子不可接受;再者,按照常理,我们只能先洗盘子,才再弄干盘子,所以,即使 and 留在原位,前后分句依然不能换位。

"at first…then…at last…"这组关联连接词中的连接词本身就含有"次第"语义关系,因此它们之间不能易位,它们连接的分句也有时间先后顺序,因此也不能交换顺序。

4.3.2.5　转折关系分句语序

我们在本书第二章"汉语并列连接词语义关系分类"中讨论过,汉语中的转折关系连接词跟连贯关系连接词一样,没有成对使用的关联连接词(如果使用成对的关联连接词,前后分句则为让步关系的主从复句),只有单用的后续连接词,而且也不能前移至句首,例如:

(118)要去救出芦花妈妈是办不到的,但是坚决不能让她饿死。(石言《秋雪湖之恋》)

(119)听说金狗的船也不怎么出海了,只是在海里栽了流网,隔几天进海拔一次网。(张炜《冬景》)

例(118)和(119)中的"但是"、"只是"引导的分句都不能提到句首,而且即使连接词不移位,前后分句也不能交换位置,因为转折关系连接词引导的分句只是对前一分句作补充说明,所以如果交换前后分句顺序,则改变了句意核心。

英语转折关系连接词也同汉语一样,只有单用的后续连接词,并列连接词也不能移到句首,而且前后分句也不能交换顺序。例如:

(120) He is young, but he is prudent.

例(120)中 but 引导的分句不能移到句首,如"But he is prudent, he is young",句子不可接受。而且,but 留在原位,前后分句换位,则句子语义重心发生改变。

---

①　转引自 Quirk, et al. A Comprehensive Grammar of the English Language, London and New York: Longman,1985, p. 1334.

4.3.3 并列分句语序与主从分句语序的比较

汉语主从复句的主句和从句的通常顺序是从句在前主句在后，而且汉语主从复句一般使用配套的关联连接词连接，如(121)a 和(122)a。汉语主从复句的主句和从句经常有变序的情况，即主句在前从句在后，这方面的研究成果颇为丰富，在这一节的引言中我们已作梳理。汉语各种关系主从复句的主句和从句变序，主要有三个方面的特点：一是主从句顺序发生变化以后，移到前边的主句一般不再用关联词语，如例(121)b 和例(122)b(因果关系的主从复句，如例 122c 即使前后分句依然使用关联连接词，也不是原来的连接词原样换位，而是作了一定的改变，常用的格式为“之所以……是因为……)，而移到后边的从句必须用连接词语，这是汉语主从分句顺序变化后，句法结构上的一个很突出的特点。二是所有关系的主从分句换位，都是从属连词跟它引导的分句一起移到后续句位置，不像并列复句那样，可以有保留关联连接词不动，仅仅交换前后分句位置的情况。汉语主从复句如果不移动连接词位置，仅仅交换分句顺序，结果句子大多不可接受，或者只是改变了分句间的关系。三是主句和从句顺序变化了，句子在表达意思方面也有变化，或者表示后移的从句只是前边主句的补充说明，或者为了突出后移的从句。

(121)a. 虽然他很笨，但是他很勤奋。→b. 他很勤奋，虽然他很笨。

(122)a. 因为主任批准了，所以小张参加了。→b. 小张参加了，因为主任批准了。或 c. →小张之所以参加了，是因为主任批准了。

英语主从复句的主句和从句与汉语不同的是，通常顺序是主句在前从句在后，且一般不使用配套的关联连接词连接，大都单用后续连接词连接，如(123)a 和(124)a。英语主从复句的主句和从句也经常有变序的情况，各种关系主从复句的主句和从句变序，如(123)b 和(124)b，主要也有三个方面的特点：一是从属连接词引导的从属分句整体移到先行小句的位置，从句和主句之间一般用逗号分开，主句句首可以添加连接副词，如(123)b 可添加 then，(124)b 可添加 yet，这是英语主从分句顺序变化后，句法结构上的一个很突出的特点。二是不像并列复句那样，可以有保留关联连接词不动，仅仅交换前后分句的情况。英语主从复句如果不移动连接词位置，仅仅交换分句顺序，结果句子也大多不可接受，至少改变了分句间的关系。三是主句和从句顺序变化了，句子在表达意思方面也有变化，一般是为了突出前移的从句。

(123) a. You should ask me if you want some more.

→b. If you want some more, (then) you should ask me.

(124) a. It was an exciting game, although no goals were scored.

→b. Although no goals were scored, (yet) it was an exciting game.

汉语并列分句语序和主从分句语序的比较可以看出，它们之间异多同少。相同的是，后续连接词都不能前移至句首，汉语连贯关系和转折关系并列复句都只单用后续连接词，所以它们的后续连接词及其引导的后续句也不能前移至句首；递进关系的并列复句同所有主从复句一样，先行连接词及其引导的分句可移到后续句的位置，原来的后续句移到先行句的位置，但原来的后续连接词必须去掉。平列关系和选择关系的并列分句，在连接词保持原位的前提下，分句之间可以调换顺序，而其他关系的并列复句和所有关系的主从复句都不能。由此说明，分句之间的语序类型也是汉语并列和主从的划分标准之一。真正意义上的并列复句只有等立关系和选择关系，连贯关系和转折关系并列复句已具备了主从复句的一些语序类型特征；而递进关系并列复句已经全部具有主从复句的语序类型特征。因此，从分句语序类型特征来说，汉语递进关系并列复句划归主从复句更为合适。

英语并列分句语序和主从分句语序的比较可以看出，英语并列复句中的后续连接词不能前移到句首，而主从复句中的后续连接词可以移到句首。英语平列关系和选择关系的并列分句，如果连接词保留原位不动，前后分句可以换序，而其他关系的并列分句和所有主从复句的分句不能这样。英语虽然是按前后分句的结构关系来划分并列复句和主从复句，即使从结构上归为并列复句的分句之间，从语义上依然是主从关系。and 与 or 连接的分句并非所有都能换序，有一部分表现出与主从分句一样的特点。

通过汉英并列连接词的移动情况、分句变序情况的对比，以及它们与汉英各自的主从复句连接词的移动、分句变序的比较，可以得出如下共性：一、汉英后续并列连接词都不能前移到句首。两种语言有时都有某些后续并列连接词出现在句首甚至段落之首,这时它连接的是句子或段落而不是分句,所以也并非是前移现象。二、并非所有并列复句的分句都能随便换序,能否换序,受前后分句语义关系的制约;三、不管是汉语按前后分句语义关系来划分主从复句与并列复句,还是英语按前后分句的结构关系来划分,都不能贯彻到底。从分句的语序特征来看,并列复句与主从复句之间存在一个连续统,它们之间具有非离散性,不可能用任何唯一标准将它们分割开来。

4.4 本章小结

就句法本质而言,并列关系是一种无序结构。但是,在实际运用中,并列结构中的并列项语序并非绝对自由,而是受到这样那样的限制,呈现出各种优化语序。这一章我们通过汉英并列词语、并列分句与并列连接词语序的考察,发现它们表现出以下共性。

共性一:随着句法层级由小到大,语序自由度呈现出由低到高变化的连续统,即:词与词并列→短语与短语并列→分句与分句并列。并列词语相对于并列分句来说,语法层级小,因此并列词语的语序自由度低。并列连接词的添加,不但能明示词语间的并列关系,而且能激活并列词语的语序。并列分句相对于并列词语来说,语法层级高,因此,并列分句间的语序自由度高。

共性二:不同并列连接词的选用,不但能显示并列项之间不同的语义关系,而且能将并列项之间的语序标示为固定和非固定两种类型。

共性三:非固定语序并列词语因受不同因素的制约表现出不同的语序自由度。

共性四:并列词语排序原则的多少在不同语言之间存在差异,但都受制于认知心理、文化习惯、语用表达效果等因素。

共性五:并列分句之间的语序是由标示不同语义关系的连接词决定的。

共性六:汉英并列分句之间和主从分句之间的语序自由度,存在一个从左到右,语序自由度的连续统,即平列/选择→转折→连贯/递进 = 主从。在连接词保留原位不动的前提下,平列关系和选择关系的分句之间调换顺序,一般不会影响分句之间的语义关系或结构关系；转折关系分句之间的句序可以调换，只是调换前后，分句之间的语义侧重点有所偏移；而连贯关系和递进关系的并列复句，分句之间的语序同主从复句的分句之间语序一样，不能调换顺序；如果换序，则会改变分句间的语义、结构关系或句子不可接受。

汉英并列词语、并列分句与并列连接词语序所表现出来的差异：

1. 汉英并列词语的排序有不一致或相反的情况，这些差异是认知策略、语言类型及文化习惯差异的具体表现。

2. 并列分句与主从分句语序特征的交叉，汉语体现在不同连接词的选用，而英语则体现在同一连接词的不同连接功能。这也是由于汉语是综合型语言，并列连接词丰富且分工明确，而英语是分析型语言，同一个并列连接词，不但可以连接不同语义关系的并列分句，还可以连接主从语义关系的分句。

第五章

并列连接词的位置

5.1 引言

并列连接词的位置是并列连接词句法分布的一个重要方面。汉语界最开始对连词位置的关注是把它当作区分连词和副词的一种通行方法,吕叔湘、赵元任都曾这样做过。吕叔湘认为“可以出现在主语前边,也可以出现在主语后边的是连词,如虽然,如果等;不能出现在主语前边(指没有停顿的),只能出现在主语后边的是副词,如又、就、才等”。(吕叔湘,1979:350)赵元任的看法是,“如果表示句和句(小句和小句)之间的关系的词不能搁在主语之后,必须搁在主语之前那也就必须承认它是连词”。(赵元任,1979:45)史有为在评论吕叔湘的区分方法时说,“能否出现在主语前来区别连词和副词存在着一些困难。”(史有为,1986:60)陆俭明也有类似观点评论赵元任的看法。陆俭明(1985:212~228)认为吕、赵两位对连词位置的看法都是狭义的,仅仅考虑到连词的位置是在小句主语的前或者后。王维贤(1994)探讨了汉语复句中出现在小句前面的关联词语的位置的不同情形:有的只能出现在主语之前,如“任凭”等只能用在A小句之前;“而且、何况、但是、然而、所以、那么、否则、不然”等只能用在B小句之前。对于既可用在主语前,又可用在主语后的连词,他从句法平面、句法语义平面和句法语义语用平面三方面作了分析。王维贤注意到了复句中两个小句的连词位置,但他依然只考虑到处于被连接成分前面的连词。与他进行相似处理的还有张宝林,他认为“根据出现的位置来区分连词和副词的方法并非无效,只是要考虑到连词本身的再分类——前置的还是后置的。这样我们就可以根据连词只能出现在主语之前(前置连词)和既能在主语之前又能在主语之后(后置连词)的事实,把连词与只能在主语之后的关联副词区分开来”。(胡明扬,1996:396)张宝林明确了连词本身的再分类,但他的前置连词和后置连词实际上是前段连词(或先行连词)和后段连词(或后续连词),他的处理方法跟吕、赵两位没有质的区别,因此依然很难将连词和副词区分开来。史有为(1986)已注意到连词的位置可以从两个方面来描写,一是处在被连接两部分的哪一部分,一是在该部分中又是处在什么位置上。他对连词在所连接成分的前后位置的意义认识还不够深入,只把汉语中的连词后置现象看成是一种特殊现象。周刚把连词的位置作为连词分类标准,并对连词的位置作了清楚明确的描述,他指出“连词的位置,从广义上来说也就是连词的语序,应该包括两种,一种是指连词在所连接的成分的前后位置,我们称之为前置和后置;另一种是指连词在所连接的话语中的语序”。(周刚,2002:30)他认为过去我们对连词范围的看法失之过严,许多连词被看作非连词,因而有关连词的不少特点被忽视,但他也只是提及后置连词,没有对后置连词有细致的描述和考察。

刘丹青(2008)从语序类型学角度,也认为连接词主要分为前置连接词和后置连接词两大类,并且认为通常与该语言使用前置介词还是后置介词相一致。(刘丹青,2003:68~74,146~150,236~252,315~317)语序类型学的几个主要研究模型(如 Greenberg,1966,Lehmann,1978, Hawkins,1983, Dryer,1992)都没有把连词当作类型参项,直到 2005 年,Dryer 在 *The World Atlas of Language Structures* 中基于 611 种语言的数据库,才将状语从属连词作为语序类型参项,探讨了状语从句中从属连词与从句的基本位置以及状语从句与主句的基本位置。近几年国内对连词的位置从跨语言角度研究也有了一些研究成果,如周刚(2002)从类型学角度对汉、英、日语连词的语序作了一些比较;宋京生(2003)对比了汉、英并列连词和从属连词在句中的不同位置;刘丹青(2003)通过跨汉语方言对比分析,强调连词作为“联系项”(relator)范畴成员,句法分布上相对于被连接成分居中的倾向共性, 储泽祥、陶伏平(2008)以汉语因果复句的关联标记模式为着眼点,探讨了联系项的居中程度。

综观连词位置已有的研究,我们发现前人都是考察复句中连词的位置。从对比的角度来说,迄今还没有专门针对并列连接词位置的对比研究,至多只是有所提及,而且也仅是复句中并列连词的位置,而并列词语中连接词的位置的对比还是一块空白。这一章我们以汉英并列词语中连接词和并列复句连接词的位置作对比研究,以期发现由并列连接词位置所体现的语言共性及汉英各自的语言特点。

5.2 并列词语中连接词的位置

5.2.1 并列词语中连接词的前后置之分

任何语法范畴都是语法形式和语里意义的统一体。"语里意义是隐含在内的不可见的关系或内容。在'小三角'理论看来,任何语法单位,小到语素或词,大到复句或句群,都有其语里意义。语法单位不同,语里意义的偏重点也有所不同。"(邢福义,2000:440)为了探寻语里意义,对于不同层级的语法单位,我们可以采取不同的处理手段或方法。

并列词语中的并列连词(或称为组合性并列连词)如汉语的"和、跟、同、与、及、以及、或(者)",英语的 and、or、but 等都只有单纯性连接功能,它们处于两个并列项的中间,如果切分直接成分,可以三分,例如:老师|和|学生,歌星|及|导演;boys |and |girls, men |and |women。据此有人把单纯并列连词看作中置连词,是有一定道理的。

生成语法开始时通过 X 标杆理论对并列结构的典型处理是(1),这样处理使并列结构不无遗憾地成为句法中唯一的非单一核心的结构:

(1)

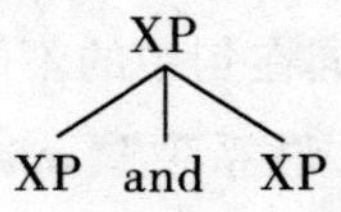

```
        XP
      /  |  \
    XP  and  XP
```

Dik(1968)首次概括出并列结构依然是一个二分支结构，而后 Yngve(1960：456)、Thiersch(1985)、Munn(1987)、Kayne(1994)、Zoerner (1995)、Johannessen(1996)等学者也都提议并列结构也是一个二分支结构，大家分歧在于处理这个二分支结构的方法，但对 Dik 所概括的这个二分支结构本身没有质疑。并且 Zoerner(1995:8 ~ 12)提议设立以并列连词为单一核心的并列短语"&P"，使并列连词首先只同一个并列项组合。这种处理使 &P 与介词短语 PP 及其他一切短语在生成语法框架中都具有相同的分层结构，不再成为唯一例外。他认为这种处理除了使 X 标杆理论更一致外，另一个好处就是反映核心居首语言和核心居尾语言在连词方面的差异。核心居首以英语为代表的语言可以表现为(2)：

(2)

(核心居首语言)&P
Conjunct(并列项)　&'
&。　Conjunct
(英) and

核心居尾以日语为代表的语言可以表现为(3)：

(3)

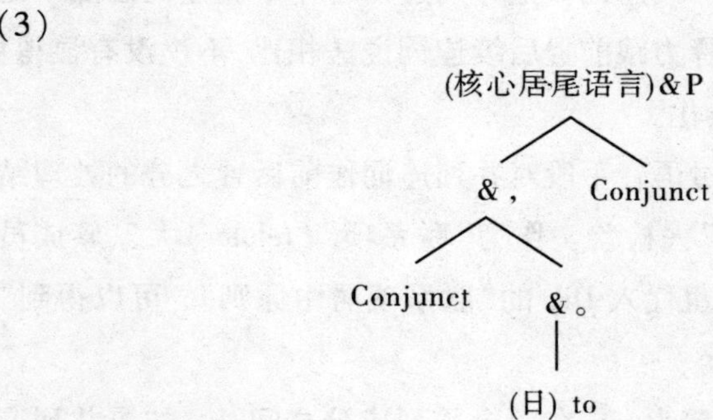

Zoerner 对英语并列连词和日语并列连词不同处理的依据是"语音手段"通过语音停顿时的表现，对两种语言作出不同处理(1995:19 ~ 20)。通过他的处理结果我们发现，并列连接词只同并列结构中的一个并列项发生关系，要么前置于并列项，如英语；要么后置于并列项，如日语。这样，就是语表最中立的并

列词语中的连接词也并非绝对中立,而是有前后置之分。

如果我们也采用“语音手段”,从语音停顿上看,无论是汉语并列词语还是英语并列词语,语音停顿都是在并列连词的前边,如“老师——和学生”、“歌星——及导演”、“boys ——and girls”、“men ——and women”。进一步分析,从用法上看,多项并列的并列连词一般只出现在最后一项之前。这时并列连词单独切分为其中一个并列项就不大适宜。并列连词只能与最后一项连接在一起,算作一个并列项。例如:

(4)海军|陆军|和空军

(5)小学生|中学生|大学生|及研究生。

(6)walking |talking |and drinking in the garden

(7)shoot the birds |bring them home |cook them |and eat them

例(4)是三项并列,并列连词“和”一般出现在最后一项“空军”之前,语音停顿是在“和”的前边,这样就不能把它切成“海军|陆军|和|空军”。例(5)是四项并列,同样并列连词“及”也是出现在最后一项“研究生”的前边,而语音停顿是在“及”之前,这样也就不能把它切成“小学生|中学生|大学生|及|研究生”。例(6)、例(7)的分析如同例(4)、例(5)。因此,就其位置而言,可以把例(4)、(5)、(6)、(7)中的并列连词分析为前置并列连词,因它们总是出现在后续项目的前边,可以看作前置后续连词。把并列连词看作中置连词固然不是不可以,但是它对连词的位置解释力跟前置后续连词说法相比,不仅没有显得更强,反而使得语法体系愈加复杂化。

而且,还可以把我们通过语音手段对并列连词作前后置之分的处理结果代入 Dik 的“联系项居中原则”去检验。作为“联系项”(relator)大家族成员中的“并列连词”,如果我们把它也代入 Dik 的“联系项居中原则”,可以得到“并列连词居中原则”:

(8)并列连词的优先位置为:a. 在两个并列成分之间;b. 如果并列连词位于某个并列成分上,则它会在该并列成分的边缘位置。

从语表来看,并列词语中的并列连词位于并列项的中间是至今所见一切语言包括汉语所遵守的规则,这足以说明并列连词句法分布居中倾向明显,验证了并列连词居中原则的第一条原则。对于并列连词居中原则的第二条原则,

Slewierska(1991:207)则认为,对于并列结构来说,作为联系项的并列连词不跟两个并列项中的任何一方有成分关系。通过例(4)、(5)、(6)、(7)中的语音停顿,完全可以说明 Slewierska 的看法站不住脚,恰恰证明了"联系项居中原则"对并列词语中的并列连词依然适用,"联系项居中原则"的两条子原则实际上反映了并列连词位置的两个不同方面,两者常常是可以同时满足的。就现代汉语并列连词"和"来说,在"中国茶叶和瑞士钟表"中,"和"作为联系项正处在被联系成分"中国茶叶"和"瑞士钟表"之间,符合(8)a。另一方面,假如在这个短语的两项中间插入停顿,可以发现停顿只能在并列前项与"和"之间(中国茶叶,和瑞士钟表),不能在"和"与并列后项之间(*中国茶叶和,瑞士钟表)。这表明"和"本质上还是加在后一个被联系成分上的,而且位于这个成分的边缘位置,所以也符合(8)b。

英语是典型的前置词语言,其并列连词 and、or、but 也是加在其后的并列项上的,语音停顿只能在并列连词和靠近并列连词的前一项之间。如只能说"Mary, and Jane",不能说"Mary and, Jane"。and 是加在后面的 Jane 上的,or 也是这样,如:John, or Bill。在英语并列复句中的表现更为明显,如:

(9) He is a student, and I am a teacher.

(10) * He is a student and, I am a teacher.

日语是典型的后置词语言,其并列连词 to 只能加在前一个并列项之后,不能像英语 and 那样加在后一个并列项之前。语音停顿只能在并列连词和最靠近的后一联系项之间,如"Taroo to, Hanako"(太郎和花子),不能说"Taroo, to Hanako"。(秦礼君,2006)

汉藏语系的藏缅语族语言也是后置词语言,(李云兵,2008)如波拉语和义都语的谓词性并列结构:

(11) ŋau$^{55/31}$　a^{55}　thɔ^{55}　a^{55}

哭　一边　唱　一边

边哭边唱①

---

① 例(11)、(12)、(13)转引自戴庆夏等:《波拉语研究》,民族出版社,2007 年第一版,第 150 页。

(12) ta^{55} ta$^{31/51}$ a^{55} tɔ^{31} ti^{35} a^{55}

饭 吃 一边 话 说 一边

边吃饭边说话

(13) pɛ^{31} ti^{35} ta^{31} a^{31} ŋɔt^{55} tui ʒɛ^{31} pɛ^{31} tui^{31}

会 说 不只是 做 也 会 做

会说且会做

(14) a^{55} mei^{55} na^{55} ke^{31} a^{35} jou^{55} na^{55} ke^{31}

刮风 又 下雨 又

又刮风又下雨①

(15) a^{33} ɕeŋ^{55} we^{33} tho^{31} ȵa^{33} we^{33} tho^{31}

唱歌 （连）跳舞 （连）

唱歌跳舞

波拉语和义都语的谓词性并列结构的语表与汉语谓词性并列结构语表相比，就可看出波拉语和义都语的并列连词都是加在并列项之后。

我们采用“语音手段”，通过语音停顿，对并列连词因语言类型的不同作出了前置和后置的区分。这一处理结果也证明了作为联系项大家族成员的并列连接词也绝对地遵守“联系项居中原则”。

5.2.2 并列词语中的前置连接词

5.2.2.1 前置单纯性并列连词

汉语前置单纯性并列连词中，用于体词性并列项前的有“跟、同、与、及、以及”，例如：

(17)有了三个月的粮食与咸菜，就是天塌下来，祁家也会抵抗的。（老舍《四世同堂》）

(18)他的中英文造诣很深，又精于哲学及心理学，终日博览中西新旧书籍。（钱钟书《围城》）

---

① 例(14)、(15)转引自江荻:《义都语研究》，民族出版社，2005年第一版，第102页。

(19)所有在人保组受过审查的人都要参加,包括投机倒把分子,贪污犯,以及各种坏人。(王小波《黄金时代》)

用于谓词性并列项前的有"又、且、而",例如:

(20)温都太太已经听说马先生的探险史,觉得可笑又可气。(老舍《二马》)

(21)穷且志坚,自个给自个找台阶儿下,可钦可佩吧?(王朔《一点正经没有》)

(22)她的声音灰暗而轻飘,像断断续续的尘灰吊子。(张爱玲《倾城之恋》)

既能用于体词性并列项前又能用于谓词性并列项前的有"和、或(者)、还是",例如:

(23)他们喜欢住宅区里弥漫的机油味、柴油味和汽油味。(池莉《你以为你是谁》)

(24)戴晓蕾的每一个举动都不是平铺直叙的,都与一般女孩子不同,都叫康伟业意外和心跳。(池莉《来来往往》)

(25)"汪太太,你真——真聪明!"高校长钦佩地拍桌子,因为不能拍汪太太的头或肩背,"这计策只有你想得出来!你怎么知道李梅亭爱打牌的?"(钱钟书《围城》)

(26)方鸿渐不吃早点就出门,确为了躲避周太太。他这时候怕人盘问,更怕人怜悯或教训。(钱钟书《围城》)

(27)我也不知道她喜欢深色还是浅色,就买了一朵大红的,一朵粉红的,都带到这里来。(鲁迅《彷徨》)

(28)这时阿Q赤着膊,懒洋洋的瘦伶仃的正在他面前,别人也摸不着这话是真心还是讥笑,然而阿Q很喜欢。(鲁迅《彷徨》)

以上各例的前置单纯性并列连词虽然处于两个并列项之间,如上文所述我们还是可以根据其用法和语音停顿的形式标准,把它看作前置后续连词。

英语并列连词and、or、but既可以连接词与词,如buy or sell、good but expensive,也可以连接短语与短语,如a teacher and a student、walking down the street or running through an alley。从并列项的语法功能来说,既可连接体词性并列项也可连接谓词性并列项,例如:

(29)Honesty and wisdom are essential to success.

(30) Erin did it quickly and effectively.

(31) Which is better, wealth or health?

(32) You may go or stay.

(33) He is a millionaire, but then a drunkard.

(34) He is poor but honest.

例(29) and 连接的是体词性并列项,例(30) and 连接的是谓词性并列项,例(31) or 连接的是体词性并列项,例(32) or 连接的是谓词性并列项,例(33) but 连接的是体词性并列项,例(34) but 连接的是谓词性并列项。英语并列连词在连接词或短语时,语音上的停顿也是在并列连词之前(虽然在书面上没有标记),所以英语并列连词也都是前置后续连词。

5.2.2.2 前置并列关联连词

并列关联连词常以套合搭配形式出现,汉语有同形双用、同形多用和异形双用三种;英语也有关联词语,很少有同形多用的情况,同形双用的也不常见,大多为异形双用的情况。

(一)同形双用

同形双用的关联连词都是不定序连词,且大都只连接谓词性并列项,这样的关联词语有"且……且……、(一)边……(一)边……、一面……一面……、要……要……、越……越……、要么……要么……",例如:

(35)麦尔根和阿芭哈且战且退。(路远《白罂粟》)

(36)"丁不要走,到大凤这儿吃饭。"老头扛起耧,牵着牲口,边走边说。(田中禾《最后一场秋雨》)

(37)老郝一边撤盘子,一边对升平说:"到底小姐们吃饭秀气,菜剩得不少,够你们一屋人对付两三个晚上的。"(小楂《客中客》)

(38)我一面吃饭,一面把今天事情的经过告诉她。(张贤亮《绿化树》)

(39)要杀要剐听尊便。

(40)他们俩越聊越随便,你听了理解不了,没好处!(刘心武《我可不怕三十岁》)

(41)我不管你是谁!要么和我结婚,要么拆屋分家!(池莉《让梦穿越你的心》)

也有几对同形双用关联连词既可以连接体词性并列项也可以连接谓词性并列项，这样的关联词语有“随……随……、或者……或者……”，例如：

(42)从总公司到车队的头头们心里都明白，与其用处分和开除来吓唬这类司机和售票员，莫若随时随地提醒他们，他们将永远被该公司雇用。(刘心武《公共汽车咏叹调》)

(43)准备好饭菜，让客人随到随吃。

(44)承运人应当按照约定的或者习惯的或者地理上的航线将货物运往卸货港。(《中华人民共和国宪法》1992年版)

(45)早在七月我面临一种选择——或者随中国作家代表团赴香港进行文学交流活动，或者随中国电影家代表团出访日本。(梁晓声《感觉日本》)

例(35)至例(45)里出现的都是同形双用的并列关联词语，不管连接的是体词性并列项还是谓词性并列项，前后并列项交换位置不会影响句意，而且双用的关联词语都前置于并列项。

(二)同形多用

同形多用的关联性词语一般也只连接谓词性并列项，这样的关联性词语有“还是……还是……、这么……这么……、那么……那么……、多么……多么……”，例如：

(46)因此，我认为，还是不宜匆忙作出结论，还是再观察一段时间，还是再等一等中央、省委的精神为好。(张一弓《赵镢头的遗嘱》)

(47)她想不起什么时候看见过这么多，这么脏，这么臭的衣裳来。(老舍《四世同堂》)

(48)我就没想到会搞得这么肉麻，这么庸俗。(王朔《你非俗人》)

(49)女孩放声笑起来，笑得那么肆无忌惮，那么开心。(王朔《海水火焰》)

(50)他那么好，那么相信我……我不忍让他喝人家的洗脚水。(王朔《海水火焰》)

(51)我听见我发自心灵深处的叫喊是多么狂热多么悲壮，燕郎仰视着我，消瘦的脸上挂满了晶莹的泪光。(苏童《我的帝王生涯》)

(52)从他们的声音中可以发现死者对这场劫难猝不及防，可以发现他们曾经是多么快乐多么淳朴的流浪艺人。(苏童《我的帝王生涯》)

汉语同形多用的关联性词语依然是前置于并列项的,而且前后并列项调换位置不改变句意。因此,这样的关联词语也是前置不定序关联词语。

(三)异形双用

异形双用的关联性连接词有"既……又……、既……且……、既……也……、一方面……另一方面……",它们一般都只连接谓词性并列项,例如:

(53)瞅着眼前忙忙乱乱的情景,我既生姐姐的气,又替姐姐焦虑。(张平《姐姐》)

(54)先说是各单位免费供应午餐,令我们既喜且忧。(王蒙《坚硬的稀粥》)

(55)软件产品和其他任何产业的产品不同,它是无形的,既没有质量,没有体积,也没有颜色,没有气味——完全没有物理性质,对于这样看不见、摸不着的产品让人难以理解、难于驾驭。(郑人杰《实用软件工程》)

(56)以前我没把她看在眼里,一方面固然是因为她小,另一方面是因为她太单纯,单纯的东西我们可以喜欢却不会特别地加以注意。(刘心武《曹叔》)

例(53)、(54)、(55)、(56)中出现的都是异形双用形式的关联连词,异形双用的两个词语都前置于所连接的并列项。由于语义因素的制约,并列关系连词中先行连词都是不可后移的,如例(53)中的"既……又……"不可说成"又……既……",例(54)中的"既……且……"不可说成"且……既……",例(55)中的"既……也……"不可说成"也……既……",例(56)中的"一方面……另一方面……"不可说成"另一方面……一方面……",因此异形双用的并列关联连词都是前置定序的。

英语也有并列关联连词(correlative coordinator),英语同形双用的并列关联连词,只有一组"…or… or…",表示两者以上诸项之中必居其一,例如:

(57) The battery may be disconnected, or be loose, or be fault.(电池有可能接反了,或者接触不良,或者坏了。)

英语更多的是异形双用的并列关联连接词,表平列关系的有"both…and…",表选择关系的有"either…or…, neither…nor…, whether…or…",表递进关系的有"not only.:.but also…",表转折关系的有"not…but…"。

汉语是同形双用,而在英语却是异形双用,如汉语的"要……要……、要么……要么……、还是……还是……”相对应的英语是“whether…or…、either…or…”,有时汉语中用同形双用并列关联连词,英语中却用从属关系连词来表示,例如汉语用“一边……一边……”(如例58),英语用从属连词 while(如例58’),句法形式大相径庭。

(58)我一边看电视一边吃晚饭。

(58’) I had my supper while watching TV.

汉语用同形双用并列关联连词“越……越……”(如例59),英语却用比较级结构(如例59’)。

(59)物体越远越小。

(59’)The farther an object is, the smaller it is.

汉语异形双用的关联性连词“既……又……、既……且……、既……也……”也并不完全对应于英语的“both…and…”,因为英语的“both…and…”既可接谓词性并列项也可接体词性并列项,例如:

(60) She is both pretty and intelligent.

(61) Both animals and plants are friends to human being.

汉语异形双用的关联并列连词“一方面……另一方面……”在英语中是用关联性短语“on the one hand…on the other hand…”来表示,例如:

(62) 我们一方面作好生产准备,另一方面不断地和银行联系。

(62’) On the one hand we made preparation for the manufacture; on the other hand, we kept in touch with the bank.

汉语中为并列关系的词或短语,不管英语采用任何句式、任何连接手段,英语的连接词依然前置于连接项。英语的异形双用关联连词也是前置定序的,如例(60)的“both…and…”不能说成“and…both…”,例(62’)的“on the one hand…on the other hand…”不能说成“on the other hand…on the one hand…”。同汉语一样,英语异形双用关联连词的前置先行连词不能单说,而先行后置连词也同样可以单说,如例(61)不能说成“Both animals plants are friends to human being”,而说成“Animals and plants are friends to human being”完全可以接受。

5.2.3 汉语并列词语中的后置连接词

5.2.3.1 后置同形双用关联词语

汉语中的"……也罢……也罢、……也好……也好"单用形式不能说,必须以双用或多用形式出现,表示相容的选择关系。这种形式与关联连词的连锁形式相似。而且这种双用形式构成的并列结构本身也不能单说,必须有后续句接应,同时它又有关联性。它既可以接体词性并列项,也可以接谓词性并列项。例如:

(63)这种与劳改农场迥然不同的、如风俗小说里描写的村居情景,使我莫名地兴奋起来:贫穷也罢,困苦也罢,我毕竟又回到了正常的环境中!(张贤亮《绿化树》)

(64)而我作为一个中国人却常在想——他妈的美国佬也罢,日本人也罢,中国将来会怎样,全在于十二亿中国人对中国的感觉如何!(梁晓声《感觉日本》)

例(63)"贫穷也罢","困苦也罢",无论单用"……也罢",双用"……也罢……也罢",在此都不能单说,必须有后续句"我毕竟又回到了正常的环境中"接应才可以成立。例(64)亦然。由此可见,"……也罢……也罢"与并列关联连词一样,能够将并列项联结起来构成并列结构。而且"……也罢……也罢"和单用的"也罢",不论语义还是句法它们之间都不相同。在语义上双用的表示相容的选择,单用的"也罢"表示容忍或只得如此。在句法上,前者必须以搭配的双用形式出现,具有关联性连接功能;也可以单用,不具有关联性连接功能,因此单用的依然还是助词。比较:

(65)你愿听也罢,不愿听也罢,我还得把话说完。(尤凤伟《石门夜话》)

(66)你不愿听,不愿听也罢。

"……也好……也好"跟"……也罢……也罢"的用法一样,只是比"……也罢……也罢"的语气轻一些,例如:

(67)张全义更烦了:"行了!你想得开也好,想不开也好,这孩子反正是抱回来了,你要是不能容他,你就先过去问问你们老爷子吧,当初,你们金家又何

必容我!”(陈建功、赵大年《皇城根》)

(68)水晶瓶也好,料器瓶也好,只要是透明的瓶体,全可拿来当作坯子。(邓友梅《烟壶》)

(69)关于工作方法,我提一点:属于政策、方针的重大问题,国务院也好,全国人大也好,其他方面也好,都要由党员负责干部提到党中央常委会讨论,讨论决定之后再去多方商量,贯彻执行。(邓小平《邓小平文选·第三卷》)

例(67)“……也好……也好”是同形双用形式,并列项之间是不相容析取关系;例(68)“……也好……也好”是同形双用形式,并列项之间是相容析取关系;例(69)“……也好……也好……也好”是同形多用形式,语义上并列项之间是相容析取关系。“……也好”也可以单用,不过单用形式的句法和语义都不同于双用或多用形式,如:

(70)从跟他聊天得知他住得离我家不算远,一个方向,有个伴也好。(刘心武《兔儿爷》)

例(70)的“也好”表示“也还可以”,不具有关联性连接功能,还是助词。

英语没有后置同形双用关联词语,但英语的并列连词与副词或副词短语一起构成的异形双用关联连词,连词放在后并列项前面,而副词或副词短语放在后并列项的后面,可称之为半后置关联连词,这样的关联连词有“and…too、and…either、and…as well、but…all the same”,例如:

(71) He is honest and clever, too. ①

(72) That is not cheap and not useful either.

(73) He had failed several times, but he persisted in his plan all the same.

(74) He has scholarship and experience as well. ②

例(71)的 and 位于后并列项 clever 之前,而 too 位于后并列项 clever 之后,例(72)的 either,例(73)的 all the same 和例(74)的 as well 也都置于第二并列项的后面。

---

① 例(71)、(72)、(73)转引自张道真、温志远:《英语语法大全》,外语教学与研究出版社,2001 年第二版,第 829 页。

② 例(74)转引自王国栋:《大学英语深层语法》,清华大学出版社,2005 年第一版,第 571 页。

5.2.3.2 后置同形多用关联词语

汉语的“啊、呀、啦”根据并列项的多少既可以同形两用也可以同形多用，构成关联格式，连接的并列项既可以是体词性的也可以是谓词性的，例如：

(75)耸啊摇啊不停地走动啊哼催眠曲啊，都不行，朝阳哭得面皮嘴唇都发紫了，一哭就吐掉满肚子的奶，直至吐出黄水。(池莉《太阳出世》)

(76)我突然发疯似地想念你们，幻觉出现了，你们果真来了，我哭呀，笑呀，叫呀，再也不是孤零零的一人了！(胡辛《四个四十岁的女人》)

(77)业余大学校长听说来了两位盲人要求当文科插班生，吃了一惊。亲自来找他们谈话。先是摆了许多他们要碰到的具体困难，诸如无法看教师的黑板上写的字啦，无法看讲文啦，无法参加汉文考试啦等等。(航鹰《明姑娘》)

例(75)、(76)、(77)中的“……啊……啊……啊”、“……呀……呀……呀”、“……啦……啦……啦”都是同形多用形式，语义上并列项之间也是列举关系，都是同形叠用，这种形式也与关联连词的连锁形式相似。而且这种多用形式也不能单说，必须有后续句接应，语义上后续句与前面的同形多用连接部分有关联性。

啊、呀、啦也可以单用，单用是句末语气助词，没有实在意义，因此不具有关联性连接功能，例如：

(78)大使离职可以当导游，部长下野当推销员，教授退休修理钟表算得什么啊。(中杰英《怪摊》)

(79)二七年我们在上海跌了个大跟头后，叛徒们多臭美呀。(刘亚洲《恩来》)

(80)当然啦，过去我们总是一块回家，现在在回家问题上，开始不那么“形影不离”啦。(刘心武《看不见的朋友》)

在汉语方言中也有后置同形多用的并列关联词语，如上海方言中的“咾”跟普通话的“啊、呀、啦”也有相似之处，也能在每个并列项后使用，表示多个并列项的并举，形成的“A 咾，B 咾，C 咾”，对应于普通话的“A 啊，B 啊，C 啊”。例如：

(81)a. (上海方言)亲眷咾,朋友咾,同学咾,侪来帮忙。

b. (普通话)亲戚啊,朋友啊,同学啊,都来帮忙。①

(82)a. (上海方言)伊就喜欢吃鱼咾,虾咾,螃蟹咾。

b. (普通话)他就喜欢吃鱼啊,虾啊,螃蟹啊之类的。

当然上海方言中的“咾”还有别的用法,还可以做前置并列连词,与别的词搭配构成关联连词。

英语没有后置同形多用的并列关联词语。

5.2.3.3　后置并列关联词语与前置并列连词的比较

(一)后置同形双用关联格式与并列关联连词的比较

从语表来说,汉语后置双用格式“……也罢……也罢、……也好……也好”,与关联连词的连锁形式相似,单用形式不能说,必须以双用搭配形式出现,具有关联性连接功能,能够将词或者短语联结起来构成并列结构。例如:

(83)对于乡邮员呢?必须毫不犹豫地脱袜、卷裤下河,严寒也罢,急流也罢,都必须通过。(彭见明《那山那人那狗》)

例(83)中的“……也罢……也罢”将两个名词并列项“严寒”、“急流”联结起来构成并列结构。

从语里来说,“……也罢……也罢”表示相容的选择关系,因此例(83)中的“……也罢,……也罢”可用同样表示相容选择关系的前置双用关联连词“或……或……”替换,即“或严寒,或急流”,依然成立。从语值来说,“……也罢……也罢”,除了表示逻辑上的相容选择关系,还表示“在任何情况下都如此”,下文有“都、也”等呼应。如果换成“或……或……”前置双用关联连词,则没有“在任何情况下都如此”的表达效果。

“……也罢……也罢”、“……也好……也好”联结构成的并列结构本身也不能单说,如用异形双用关联连词引导的先行句,必须有后续句接应,先行句和后续句语义上有关联性。如例(83)省去后续句,成“对于乡邮员呢?必须毫不犹豫地脱袜、卷裤下河,严寒也罢,急流也罢”,句意不完整,无法接受。

---

① 例(81)、(82)转引自刘丹青:《语序类型学与介词理论》,商务印书馆,2003年第一版,第238页。

英语的半后置关联连词同汉语一样,例(71)中的"and...too"可换成前置关联连词"both ... and ..."例(72)中的"and not ... either"可换成前置关联连词"neither...nor...",例(74)中的"and...as well"可换成"not only...but also...",句子依然成立,只是替换后语义强调略有差别。

(二)后置同形多用关联格式与前置同形多用格式比较

从语表来说,汉语的后置同形多用格式"……啊……啊……啊"、"……呀……呀……呀"、"……啦……啦……啦"与汉语的前置同形多用格式"这么……这么……、那么……那么……、多么……多么……"一样,也不能单说,根据并列项的多少以双用或多用形式搭配使用,将多个并列项联结起来构成并列结构。

从语里来说,汉语后置同形多用格式和通过标点符号(如顿号和逗号)构成的并列结构一样都是表示多个并列项的列举。一般来说,由后置同形多用格式构成的并列结构里的"啊、呀、啦"都可以用逗号或顿号替换,例如:

(84)这几年啊,资产阶级自由化把人心都搞乱了。什么理想啊信念啊前途啊高尚的情操啊,都没人信了。(《编辑部的故事·侵权之争》)

例(84)里的几个"啊"都可以换成"、",如"什么理想、信念、前途、高尚的情操,都没人信了",只是替换后跟原来的停顿时间及语气有所区别。

后置同形多用关联格式也不同于本书3.2.2.2节所考察的通过"啊、呀、啦"构成的一般的多项列举的并列结构,后置同形多用关联格式构成的并列结构也不能单说,只相当于异形双用关联连词里的前置先行连词引导的先行句,必须有后续句接应,前后分句之间语义上具有关联性,如果省去后续句,如例(84)省去后续句后则成"这几年啊,资产阶级自由化把人心都搞乱了。什么理想啊信念啊前途啊高尚的情操啊",句意不完整,也无法接受。

以往人们把"也罢(……也罢……也罢)"、"也好(……也好……也好)"归于助词而不归于连词的原因,仅因为它们的位置总是在它们所连接成分的后面,即总是后置的。助词绝大部分都是后置的,而连词似乎总是在所连接成分的前面,即总是前置的。其实这样形成的连词框架是不完整的。通过后置并列关联词语与前置并列关联连词的比较,我们发现后置的"……也罢……也罢"、

"……也好……也好"、"……啊……啊……啊"、"……呀……呀……呀"、"……啦……啦……啦"与前置并列关联连词"既……又……"、"或……或……"等具有同样的关联性连接功能。既然前置连词和后置关联词语具有相同的连接功能,都应看作连接词。而且后置连接性词语也不仅仅只有"也罢"、"也好",具有关联功能的"啊、呀、啦",还有连接并列复句的"……不说"、"……则已",连接偏正复句的"……时"、"……的话",上海方言的"……勿算"、"……咾"、"……末"都具有连接功能,这些具有连接功能却归入助词的词都应归于连词,这样我们就可以发现连词的更多类型特点。汉语存在少量的后置连词,这应该与汉语介词也存在后置词是相一致的①。汉、英短语内并列连词在前置性上如此的一致是与汉英两种语言的 SVO 基本语序分不开的。一般来说,SVO 语序的语言以使用前置介词为主。英语的介词都是前置介词,而汉语的介词绝大多数也是前置介词,汉语也还存在少量的后置介词。从语法功能来看,介词和连词都属关系词(relator),其实有些并列连词本身就是连介兼类词,例如:汉语的"和、与、跟、同"等,英语的 as、for 等。语言的功能经济性和模拟性造成了这两类词的和谐性。

5.2.4 不同位置并列连接词的句法功能

并列词语中并列连接词的前置和后置分别表现出的句法功能为预示和认同作用。

5.2.4.1 前置并列连词的预示作用

(一)前置单纯性并列连词的同类预示作用

汉语前置单纯性并列连词中,用于体词性并列项前的"和、跟、同、与、及、以及",用于谓词性并列项前的"又、且、而",以及英语并列连词 and、or、but 预示着后面即将出现的并列项与前面已经出现的并列项属于同一语义范畴,例如:

(85) 这里,每一位母亲都因创造了那生命的小蓓蕾,而被那丈夫格外的亲

---

① 关于介词的前置、后置,详见刘丹青:《语序类型学与介词理论》,商务印书馆,2003 年第一版。

昵,簇拥而百倍的骄傲和神圣。(韩春旭《背对命运的独白》)

(86) 我跟老梁两人挑灯夜战。(刘心武《难为情》)

(87) 野桃花开得最早,淡淡的粉色在风雨里摆动,好像媚弱的小村女,打扮得简单而秀美。(老舍《二马》)

(88) 掌管铜箱钥匙的老宦官每天二次开启铜箱,用黄色布袋装好并密封了送进宫中。(苏童《才人武照》)

(89) In universities, students train to become teachers and engineers.

(90) We lived in the countryside, merely reading novels, (or) playing games, or telling stories. ①

(91) They want to win the war, but to pay no price.

例(85)中的并列连词"和"预示着后面的"神圣"与前面的"骄傲"属于同一语义范畴,例(86)、(87)、(88)里的"跟"、"而"、"并"与(85)里的"和"有同样的预示作用。英语的前置单纯性并列连词跟汉语的前置单纯性并列连词有同样的预示作用,例(89)中 and 预示着后面的并列项 engineers 与前面的 teachers 属于同一"职业"范畴,例(90)中 or 的前面是几个分词短语,or 预示了它后面出现的也是分词短语,例(91)中 but 的前面是不定式短语,or 预示了它后面出现的也应该是不定式短语。

即使汉英前置单纯性并列连词前后并列项不属于同一语义范畴,但汉英前置单纯性并列连词依然预示着并列连词后面的并列项与前面的并列项有着临时的语义相关性,例如:

(92)走了整整两天,抱着希望出去,带着尘土与眼泪回来。(老舍《老舍文集》第 8 卷)

(93) Runner and ball got there apparently together, but Umpire McClung's decision went against Rand.

例(92)虽然"尘土"和"眼泪"都是名词,词类相同,但它们不在同一语义层级,而且不在同一联想场,由"尘土"不会马上联想到"眼泪"。并列连词"与"将这两个名词联结起来,构成了一个整体,"与"预示了后面的"眼泪"跟前面的

① 例(90)、(91)转引自张道真、温志远:《英语语法大全》,外语教学与研究出版社,2001 年第二版,第 828 页。

“尘土”具有某种共同特性，为读者准确理解全句意思提供了线索。

例(93)中，Runner 是人，而 ball 是物，且两者之间没有任何自然的相关联系，由前者不可能自然联想到后者，但是它们被并列连词 and 连接起来构成了一个并列结构，这样 and 就预示了后面的 ball 跟前面的 Runner 有临时相关性，ball 被拟人化，与 Runner 共同做谓语动词 got 的动作发出者。

（二）前置单纯性并列连词对列举终结的预示作用

汉语和英语前置单纯性并列连词都有位于由多个列举并列项构成的并列结构的最后一个并列项前面，预示列举即将终结。对于并列连词具有的“列举终结”功能，前人早已有所关注，如吕叔湘(1999:266)指出，连接三项以上时“和”放在最后两项之间，前面的成分用顿号连接。《现代汉语虚词例释》也注明，如果列举多项事物，“和”常常放在最后两项中间，表示列举完了。（北京大学中文系，1986:236）铃木庆夏(2008)也认为“在几项并列要素之间不需要分层次的情况下，之所以‘和’出现于最后并列要素之前，正是因为‘和’表示‘列举完了’。‘和’的句法位置是‘和’的语义功能‘表示列举完了’的句法表现”。我们认为以上几种表述都欠严密，如果是“和”表示列举完了，那么“和”的后面就不应该再有列举项了，严密的说法是“和”等并列连词预示列举的终结，汉语中准确表示列举完了的词语是“等”、“等等”、“如此之类”，英语是 and so on、and so forth。例如：

(94)所以按照广义的学习概念来理解，动物的习得行为，婴儿学习走路，牙牙学语，学生知识、技能的获得以及道德品质的形成都可谓学习。（方富熹、方格主编《儿童的心理世界——论儿童的心理发展与教育》）

(95) A novel must be interesting, exciting, instructive and encouraging. ①

（三）并列关联连词中前置先行连词的续接预示作用

汉英无论是同形还是异形双用关联连词的前置先行连词都不能单说，只要有前置先行连词的出现，就预示着有后续连接词的出现。汉语同形双用的再如例(37)不能说成“老郝一边撤盘子，对升平说……”，(38)也不能说成“我一面吃饭，把今天事情的经过告诉她”。例(37)的先行句出现了“一边”，预示着后

① 例(95)转引自张道真、温志远：《英语语法大全》，外语教学与研究出版社，2001 年第二版，第 832 页。

续句也必须由"一边"来连接;例(38)亦然。汉语异形双用的,再如例(53)不能说成"瞅着眼前忙忙乱乱的情景,我既生姐姐的气,替姐姐焦虑"。前分句出现了"既",预示着后续句一定得出现"又"。英语也是一样,再如例(60)不能说成"She is both pretty intelligent",前并列项用了 both,预示着后并列项必须得用 and 连接。

5.2.4.2 汉语后置并列连接词的认同作用

汉语的后置连接词"也罢"、"也好"以及后置同形多用格式"……啊……啊……啊"、"……呀……呀……呀"、"……啦……啦……啦"都具有认同作用。具体指线形结构中的后一个语法单位与前一个语法单位结构关系相同,或语义关系平等(同义、反义、平列),由此认定前后两个语法单位是同一并列结构中的并列项或并列项中的一部分。例如:

(96)功劳也罢,苦劳也罢,都是算在前一本账上的了。(梁晓声《钳工王》)

(97)他诚恳地说:"你起义也好,投诚也好,我们都欢迎!这是头一条,先讲清楚。"(邓友梅《我们的军长》)

(98)除了烹炒,炖炸,块儿啊、片儿啊、丝儿啊、丁儿啊,诶,剩下的,嗯,就是拔丝萝卜,嗯,萝卜汤什么的。(《编辑部的故事·捕风捉影》)

(99)而且,就拿画画儿本身来说吧,也只有低能的人才会专门在风景上下工夫,什么画个岩洞呀,河流呀,树丛呀,雾呀,云呀什么的……(刘心武《永恒的微笑》)

(100)张香莲想,怪呀怪呀!他一种这地,鸡也不叨啦,猪也不拱啦,牛羊也不糟蹋啦!一镢头刨出个楼大的麦垛,我张香莲为啥这样不走时运?(张一弓《赵镢头的遗嘱》)

例(96)中的"功劳"和"苦劳"由后置连接词"……也罢……也罢"连接,后一"也罢"前的"苦劳"认同了前一"也罢"前的"功劳"结构关系相同,它们是同一并列结构中的两个并列项。例(97)的"……也好……也好"的认同作用亦然。例(98)多个"啊"的叠用,可由最后一个"啊"前的结构单位认同前面所有"啊"前的结构单位具有相同的结构关系或语义关系。例(99)、(100)的"呀"、"啦"也具有同样的认同作用。

这些后置连接词只有认同它们前面的结构单位相互之间具有并列关系的

作用，没有向后预示将要出现并列项的作用；前置后续连词既认定前面有一并列项又同时预示后面将要出现一个并列项。因此后置连接词与前置后续连词具有不同的句法功能。汉语中的前置连接词和后置连接词应它们各自不同的句法功能而产生。

5.3 并列复句中连接词的位置

并列词语中连接词的位置的考察，我们采用的是“语音手段”，通过语音停顿，观察到并列词语中的连接词有前后置之分。并列复句中连接词的位置比并列词语中连接词的位置要复杂得多，不仅涉及并列连接词在前分句还是后分句，而且还涉及并列连接词在分句内的具体位置。并列连接词是在前分句还是后分句，实际上就是指并列连接词在前后分句的位序，我们已在本书 4.3.1 作了详细考察，这一节我们重点考察并列连接词在分句内的具体位置。

5.3.1 构建并列复句的句法操作系统

徐杰(2005:220)穷尽了所有语言的各种可能性，将句法手段高度概括为三大类：

A. 加进没有词汇意义而只有语法功能的所谓“虚词”。

B. 重新安排某句法成分在句子中的位置。

C. 重复某句法成分。

这三类句法手段可以分别简称为“添加”(adjoining)、“移位”(movement)和“重叠”(reduplication)。

徐杰(2005:223)通过对“疑问”等全句功能语法范畴的研究，进一步发现实现这三大句法手段的句法操作只在特定的三个位置进行，它们是“句首”、“谓头”和“句尾”，并把这三个位置称为“句子的敏感位置”。

这样三类句法手段跟句子的三个敏感位置组配，逻辑上就可以得到以下九种匹配组合。

表一

句法位置 \ 句法手段	(A)添加	(B)移位	(C)重叠
(x)句首	(Ax)句首添加	(Bx)句首移位	(Cx)句首重叠
(y)谓头	(Ay)谓头添加	(By)谓头移位	(Cy)谓头重叠
(z)句尾	(Az)句尾添加	(Bz)句尾移位	(Cz)句尾重叠

由于句子的三个敏感位置性质的不同,逻辑上的这九种匹配组合在自然语言中无法一一实现。"谓头"是一个实实在在的"内置"句法位置,因此三类句法手段都能在这里实现其句法操作;而句首和句尾原本都不是实际句法位置,其他语法成分只能"外挂"(adjoin)上去,这就先天规定了在句首和句尾两个位置我们只能进行"添加"一种语法操作,而不能把句首或句尾的什么东西移走,也不能重叠,因为那里根本就没有什么成分能移走或重复。这样,删除四种无法实现的句法操作后,得到在自然语言中都能得到实现的五种句法操作手段,如下表所示:

表二

句法位置 \ 句法手段	(A)添加	(B)移位	(C)重叠
(x)句首	(Ax)句首添加	(Bx)零	(Cx)零
(y)谓头	(Ay)谓头添加	(By)谓头移位	(Cy)谓头重叠
(z)句尾	(Az)句尾添加	(Bz)零	(Cz)零

"复句是包含两个或几个分句的句子。小句是复句构成的基础,任何复句都由两个或几个小句所构成。但是复句一旦构成,其中的小句便不再是独立的一个一个单句,而是共同组成复句的一个一个分句。它们既相对独立,又相互依存。"(邢福义,1996:301)这有两个方面的意思:复句中的小句是分句化的小句,即分句,依然具有"句"的性质和地位,所以说它们相对独立;复句中的分句之间又总是处在一定的关系之中,所以说它们之间相互依存。汉语并列复句中分句之间的并列(联合)关系可以通过分句间的语义关系来体现,也可以通过一定的词汇手段或句式手段来显现,但汉语和英语更主要的是通过一定的句法手

段来标明。对照以上所说的句法手段,构建并列复句的只能是句法手段 A,即添加没有词汇意义而只有语法功能的所谓"虚词",这里具体指并列连接词。至于句法手段操作的位置,对于并列复句来说,得分两个方面来说,首先得看并列连接词添加在先行分句还是后续分句,然后再看并列连接词添加在所在分句的句首、谓头还是句尾。前者就是指并列连接词在复句中的语序,即先行或后续,我们在本书 4.3 已有详述;后者才是这一节所要探讨的主题。我们的考察仅限于由两个分句联结构成的并列复句。

5.3.2　并列连接词添加在分句内的位置

5.3.2.1　并列连接词添加在先行小句内的位置

(一)汉语并列连词添加在先行小句的句首或谓头

汉语并列复句中,凡是添加在先行小句中的基本上都是传统的经典并列连词,至于是添加在句首还是谓头,取决于汉语并列复句的先行小句和后续小句的主语是否相同,具体分布如下表所示:

表三

	句首	谓头
主语相同	一来……二来……、一则……二则……	且……且……、(一)边……(一)边……、既……又(且)……、一面……一面……、一方面……另一方面……、要么……要么……、还是……还是……、或者……或者……、不但、不单、不单是、不光、不仅、不仅仅、不只、非但、岂但、别说、不说、尚且、越……越……
主语不同	一来……二来……、一则……二则……、一方面……另一方面……、要么……要么……、还是……还是……、或者……或者……、不但、不单、不单是、不光、不仅、不仅仅、不只、非但、岂但、别说、不说	尚且、越……越……、又……又……

通过上表我们可以看出:

1. 汉语并列复句中,添加在先行小句谓头的并列连接词要比添加在先行小句句首的并列连词多。这是因为"且……且……、(一)边……(一)边……、既……又(且、也)……、一面……一面……"这些关联连接词都是不定序关联连接词,都是用来说明同一事物的两个或几个方面,也就是说这些关联连词只有前后分句主语相同的情况,没有前后分句不同的情况。例如:

(101)它既没有北国荒原那种粗犷和广阔,又没有南方山水那种清秀和俊美。(宋学武《干草》)

(102)我们一边(一面)抓紧基础理论研究,一边(一面)也抓紧应用研究。

例(101)句中的连词"既"不能添加在句首,与副词"又"搭配构成"既……又……"关联格式,表示同一事物同时具有两个方面的性质或情况;也可构成"既……且……"关联格式,多用于书面语;还可构成"既……也……"关联格式,后分句表示对前分句进一步补充说明。

例(102)中的"一边(一面)……一边(一面)……"表示主语"我们"同时进行的两种动作或行为,也只能放在谓头位置。

2. 汉语不定序关联并列连词"一来……二来……、一则……二则……"等,不管并列复句的前后分句主语是否相同,都必须添加在分句的句首。例如:

(103)一来因为姐姐对几个兄弟一样公平;二来几个兄弟谁也没开口争这抢那,都觉得合理满意;三呢,同姐姐这一份相比,他们谁也要强得多!(张平《姐姐》)

(104)这一天,谭局长备了三桌酒,邀请熟朋友来聚聚。一来是暖暖他的新居,二来是酬谢这些朋友帮忙出力,提供材料。(汪曾祺《皮凤三楦房子》)

例(103)前后分句的主语不同,前分句的主语是"姐姐",后分句的主语是"几个兄弟";例(104)前后分句的主语相同,都是"谭局长";不管前后分句主语是否相同,例(103)、(104)中的"一来……二来……"都添加在句首。"一则……二则……"跟"一来……二来……"的用法差不多,只是常用于书面语。

3. 汉语并列连接词"尚且"、关联性副词"越……越……、又……又……",不管并列复句的前后分句主语是否相同,都必须添加在分句的谓头。例如:

(105)父亲对我们讲话尚且采取商量口吻,你在我面前居然如此放肆!

(106)我阅读唐诗宋词尚且有困难,诗经、楚辞就更看不懂了。

(107)不知怎么回事,你声音越大,我们反而越听不清。

(108)文章越啰嗦越不能说明问题。

(109)这孩子又会写又会算。

(110)山又高,路又滑,困难是不少。

例(105)前后分句的主语不同,前分句的主语是“父亲”,后分句的主语是“你”;例(106)前后分句的主语相同,都是“我”,不管主语是否相同,例(105)、(106)中的“尚且”都添加在谓头位置;例(107)前后分句的主语不同,前分句的主语是“你声音”,后分句的主语是“我们”;例(108)前后分句的主语相同,都是“文章”;不管主语是否相同,例(107)、(108)中的“越……越……”都添加在谓头位置。同样,例(109)、(110)中的“又……又……”也都添加在分句谓头位置。

4. 汉语大部分关联并列连接词,如“一方面……(另)一方面……、要么……要么……、还是……还是……、或者……或者……、不但、不单、不单是、不光、不仅、不仅仅、不只、非但、岂但、别说、不说”,如果并列复句的先行小句和后续小句的主语相同,则先行并列连词都添加在先行小句的谓头。例如:

(111)很快的,他不但和孩子们都熟悉了,并且获得了他们的信赖。(梁晓声《冉之父》)

(112)赵师傅一方面大感吃惊,一方面却朦胧地体味到一种心理上的满足。(刘心武《黑墙》)

(113)这样的父母,或者因婚姻危机或失败的困扰而无心教养子女,或者会对子女产生畸形的“爱”。(王登峰、张伯源主编《大学生心理卫生与咨询》)

例(111)前后分句的主语都是“他”,所以先行并列连词“不但”添加在先行小句的谓头位置;例(112)前后分句的主语都是“赵师傅”,所以先行并列连词添加在先行小句的谓头;例(113)前后分句的主语都是“这样的父母”,所以先行并列连词“或者”添加在先行小句的谓头。

如果并列复句的先行小句和后续小句的主语不同,则先行并列连词都添加在先行小句的句首。例如:

(114)要么你去,要么他来,否则你们没法面谈。(吕叔湘主编《现代汉语八百词》)

(115)一方面这可能是客观的要求,如自己必须承担更多的责任;但另一方面,这种应付不幸事件的经历也将成为你生活中重要的一段,它将为你提供战胜其他困难的信心。(王登峰、张伯源主编《大学生心理卫生与咨询》)

例(114)先行小句的主语是"你",后续小句是"他",前后分句主语不同,"要么"添加在先行小句句首;例(115)先行小句和后续小句的主语也不相同,因此"一方面"也添加在先行小句的句首。①

(二)汉语并列连接词添加在先行小句的句尾

汉语先行并列连接词绝大多数都是要么加在先行小句句首,要么加在先行小句谓头,但也有少数并列连接词加在先行小句句尾的情况。这样的连接词在普通话中有表选择关系的"……也罢……也罢"、"……也好……也好",表递进关系的"……不说"、"……则已"。例如:

(116)不论金家大宅院里发生了什么为难的事儿,四分五裂也罢,断了香火也罢,金一趟和再造金丹的名声在外,威望不改。(陈建功、赵大年《皇城根》)

(117)那五把画递了上来,甘子千不看则已,一看脸臊得像才从澡堂子出来!(邓友梅《寻访"画儿韩"》)

(118)我们撇开别的不说,仅就个人品质来说,我丈夫的确是个非常大度的头脑清醒的男人。(池莉《一丈之内》)

例(116)中的"四分五裂也罢,断了香火也罢"由"……也罢……也罢"连接起来构成并列结构,相当于一个先行分句,与后面的"金一趟和再造金丹的名声在外,威望不改"构成并列复句。"……也罢……也罢"语义上表示在任何情况

① 李晓琪《现代汉语复句中关联词的位置》(《语言教学与研究》1991 年第 2 期第 81 页)指出:"由于 S2 的主语承前省略或由于 S1、S2 的主语蒙后省略,非定位连词'或、或则、或者、要么'可以位于 S2 的句首或在 S1、S2 中都位于句首。因此出现这几个连词的复句可以有四种情况,我们以'或者'为例:
(23a)或者你去,或者你不去,总得表示个意见。
(23b)你或者去,你或者不去,总得表示个意见。
(23c)你或者去,或者不去,总得表示个意见。
(23d)或者去,或者不去,你总得表示个意见。"
我们认为只有(23c)具有句法表征的普遍性,其他几种情况都是语用焦点的结果。如果在考察句法现象时将语用因素加进去,一切句法现象都不具普遍性或规律性,一切语法规则都将失效。

下都如此，用法上常与上文的“不管”、“不论”等和下文的“都、也”相呼应。例(117)的“则已”加在了先行小句的句尾；例(118)的“不说”也是加在先行小句的句尾。当然“不说”也有加在先行小句句首的用法，但一般以加在句尾要常见，加在句首的例如：

(119)且不说多数流放者不再有什么文化创造，即便是我们在上文中评价最高的那几位，也无法成为我国文化史上的第一流人才。(余秋雨《流放者的土地》)

汉语方言里，并列复句中先行小句的连接词加在先行小句句尾的情况更为常见，比如上海话的“……勿算”。(钱乃荣，1997)例如：

(120)伊勿听劝勿算，相反闹得更结棍。(他不但不听劝告，反而闹得更厉害。)

有很多中国少数民族语言在并列复句中先行连词也是加在先行小句句尾的，如义都语：

(121) i^{33} ȵi^{55} ka^{55} lie^{55} a^{55} pu^{31} ka^{31} tɕi^{53} kɯ^{33} a^{55} pu^{31} ka^{31} tɕi^{53}.
我们　麦子　种　稻子　种
我们不仅种稻子还种麦子。①

义都语的关联连词“ka^{31} tɕi^{53}……ka^{31} tɕi^{53}”相当于汉语普通话的“不仅……而且”，如例(121)所示，先行连词 ka^{31} tɕi^{53}和后续连词 ka^{31} tɕi^{53}都加在分句句尾。

再如门巴语：

(122) pe^{35} te^{31} ŋe^{35} le^{31} tø:^{55} ra^{53} ja^{35} ma^{35} tshat^{55} pa^{31}, ta^{31} noŋ^{53} lop^{55} tɕoŋ^{53}
他（助词）我（助词）鼓励　做　（连词）　还　学习
ro^{35} ram^{53} ja^{35} wo^{53} ne^{35}.
帮助　做　（后加）（助词）
他不但鼓励我，而且帮助我学习。②

门巴语的先行连接词“ma^{35} tshat^{55} pa^{31}”相当于汉语普通话的“不但”，如例(122)所示“ma^{35} tshat^{55} pa^{31}”也是加在先行小句句尾。

---

① 例(121)转引自江荻：《义都语研究》民族出版社，2005 年第一版，第 104 页。

② 例(122)转引自陆绍尊：《门巴语方言研究》，民族出版社，2002 年第一版，第 208 页。

英语的关联连接词比较少,如果将关联连接词添加在英语各独立分句之间构成并列复合句时,英语先行连接词无一例外地都加在先行小句的句首,没有加在先行小句谓头和先行小句句尾的情况。例如:

(123) Either the East Wind prevails over the West Wind, or the West Wind prevails over the East Wind.

(124) Neither Peter wanted the responsibility, nor did his wife.

(125) On the one hand he tried to smuggle drugs, on the other hand he tried to bribe the officials.

(126) Not only is he himself interested in the subject, but all his students are beginning to show an interest in it.

例(123)先行小句的主语是 the East Wind,后续小句的主语是 the West Wind,前后分句的主语不同,先行连接词 either 加在先行小句的句首;例(124)先行小句的主语是 Peter,后续小句的主语是 his wife,先行连词neither也是加在先行小句的句首。例(125)先行小句的主语和后续小句的主语相同,都是 he,但先行短语连接词 on the one hand 不是像汉语普通话那样加在谓头,而是加在先行小句的句首;例(126)先行小句的主语是 he himself,后续小句的主语是 all his students,前后分句的主语不同,先行连接词 not only也是加在先行小句的句首。

5.3.2.2 并列连接词添加在后续小句内的位置

上一节我们已经考察到,如果并列复句的先行小句和后续小句的主语不同,则先行并列连接词都添加在先行小句的句首。其实如果并列复句的先行小句和后续小句的主语不同,后续并列连接词也是加在后续小句句首。再如例(114)先行小句和后续小句的主语不同,后续连接词“否则”加在后续小句句首。如果并列复句的先行小句和后续小句的主语相同,则先行并列连接词都添加在先行小句的谓头。如果并列复句的先行小句和后续小句的主语相同,则后续小句的主语一般会承前省略,这样原本应该位于后续小句谓头位置的后续连接词也就位于句首了。再如例(111)先行小句和后续小句的主语相同,都是“他”,后续小句的主语承前省略,这样后续并列连接词“而且”也就理所当然地位于后续小句句首了;又如(112)先行小句和后续小句的主语都是“赵师傅”,后续小句的主语承前省略,这样后续短语连词“(另)一方面”也就位于后续小句的句首了。

汉语部分连接副词，如“又”、“也”、“却”等，在先行小句可有相关并列连词与它们配合使用，也可单独在后续句中出现。如果先行小句与后续小句的主语不同，则这样的连接副词依然加在后续小句谓头位置。例如：

(127)哥哥猜错了，弟弟又猜错了，这个谜语可难了。

(128)你去北京参观访问，我们也去北京参观访问。

(129)应该来的人没来，不该来的人却来了。

例(127)前分句主语是“哥哥”，后分句的主语是“弟弟”，前后分句主语不一样，连接副词“又”加在后续小句谓头位置；例(128)、(129)前后分句的主语不同，所以例(128)的连接副词“也”、例(129)的连接副词“却”都加在了后分句谓头的位置。

上文我们也考察到，关联连接词添加在英语各独立分句之间构成并列复合句时，英语先行连词无一例外地都加在先行小句的句首，没有加在先行小句谓头和先行小句句尾的情况。其实，英语的后续并列连接词也都是无一例外地加在后续小句句首，没有加在后续小句谓头或后续小句句尾的情况。例如：

(130) She said that she loved me very much, and that she would rather die than live without me.

(131) Mark Twain told more funny stories, but the old man still kept quiet.

(132) She can not swim, neither can her mother.

(133) Not only is this town in panic, but also all the world was shocked.

例(130)、(131)、(132)、(133)的后续并列连接词 and、but、neither、but also 都加在后续小句句首的位置。

同汉语一样，英语也有一些并列连接副词，如 however、otherwise、nevertheless、moreover、furthermore 等也加在后续小句的谓头，与汉语不同的是这些并列连接副词也可加在后续小句的句首。而且加在后续小句谓头时，这些并列连接副词前后都有逗号分开。例如：

(134) The storm was terrible; few houses, however, were damaged.

(135) There was no news; we, nevertheless, went on hoping.

(136) The rent is reasonable and, the location, moreover, is perfect.

与汉语不同的还有,英语的短语连词,如 on the other hand、as well 等跟并列连接副词一样,也是既可以加在后续小句句首也可加在后续小句谓头,且加在后续小句谓头时,英语短语连词前后也得有逗号分开。例如:

(137) He made many mistakes; his younger sister, on the other hand, made very few.

(138) Not only her son died; she herself, as well, went mad.

通过汉英并列连接词加在分句内位置的比较,我们发现了汉英并列连接词添加在先行小句和后续小句句内位置的一些异同。共性一:汉语、英语中与先行并列连接词搭配使用的连接副词都加在后续小句的谓头位置。这与汉英连接副词本身的语法性质有关,因为它们从词性来说还是副词,副词一般都是放在动词前面来修饰动词,这是它们的主业;同时这些副词还有连接功能,这是它们的副业。换句话说,修饰动词是它们的本职工作,连接功能是它们的附带责任。共性二:汉英后续并列连词都无一例外地加在后续小句的句首。个性一:汉语先行并列连词根据先行小句和后续小句的主语是否相同,既可加在先行小句句首,也可加在先行小句的谓头。个性二:汉语少部分并列连接词还可加在先行小句句尾。形成这些差异的原因我们将在下一节详细分析。

5.3.3 并列复句中连接词位置类型与语序和谐原则

5.3.3.1 并列复句中连接词的位置类型

我们对比考察了汉英并列连接词在分句内的位置,通过对比考察,我们发现汉语并列连接词在分句内的位置有三种情况,即句首、谓头、句尾,而英语就只有在分句句首一种情况。至此,我们还不能概括出并列连接词的位置类型。对所有的语言进行调查既不现实,也不可能,所以现代语言类型学者提出典型性选样调查的建议。现代语言类型学的通行做法也是先选择几个分析项目,然后再对语言进行广泛的选样调查以找出语言的共性特征。我们也考察到汉语、英语后续并列连接词都加在后续小句句首,因此后续并列连接词都有前置的共性倾向,如果把后续并列连接词的位置作为参项,就没有类型学价值。因此我们只把先行连接词的位置作为参项,考察对比包括汉语和英语在内 40 种语言中，先行并列连接词在先行小句内的位置，这些语言涉及汉藏语系、印欧语系、阿尔泰语系、南岛语系、乌拉尔语系和南亚语系六大语系，以期发现并列连接词句内位置的语言类型。

表四

语言	并列连接词在分句内位置			基本语序	语系、语族
	句首	谓头	句尾		
汉语	+	+	+	SVO/SOV	汉藏语系汉语族
英语	+	—	—	SVO	印欧语系日耳曼语族
法语	+	—	—	SVO	印欧语系拉丁语族
意大利语	+	—	—	SVO	印欧语系拉丁语族
俄语	+	—	—	SVO	印欧语系斯拉夫语族
德语	+	—	—	SVO	印欧语系日耳曼语族
匈牙利语	—	—	+	SVO/SOV	乌拉尔语系芬兰乌戈尔族
日语	—	—	+	SOV	
阿侬语	—	—	+	SOV	汉藏语系藏缅语族
波拉语	—	—	+	SOV	汉藏语系藏缅语族
义都语	—	—	+	SOV	汉藏语系藏缅语族
达翰尔语	—	—	+	SOV	阿尔泰语系蒙古语族
锡伯语	—	—	+	SOV	阿尔泰语系通古斯语族
柯尔克孜语	—	—	+	SOV	阿尔泰语系突厥语族
塔吉克语	+	—	—	SVO	印欧语系伊朗语族
东乡语	—	—	+	SOV	阿尔泰语系蒙古语族
仫佬语	+	+	—	SVO	汉藏语系壮侗语族
傣语	+	+	—	SVO	汉藏语系壮侗语族
基诺语	—	—	+	SOV	汉藏语系藏缅语族
土家语	—	—	+	SOV	汉藏语系藏缅语族
瑶语	+	+	—	SVO	汉藏语系苗瑶语族
普米语	+	—	—	SVO	汉藏语系壮侗语族
鄂温克语	—	—	+	SOV	阿尔泰语系通古斯语族
萨拉语	—	—	+	SOV	阿尔泰语系突厥语族

续表

语言	并列连接词在分句内位置			基本语序	语系、语族
	句首	谓头	句尾		
鄂伦春语	—	—	+	SOV	阿尔泰语系通古斯语族
速浪语	—	—	+	SOV	阿尔泰语系通古斯语族
仡佬语	+	+/-	—	SVO	汉藏语系壮侗语族
布庚语	+	+	—	SVO	南亚语系越芒语族
布兴语	+	+	—	SVO	南亚语系越芒语族
克木语	+	—	—	SVO	南亚语系孟高棉语族
克蔑语	—	—		SVO	南亚语系孟高棉语族
扎巴语	—	—	+	SOV	汉藏语系藏缅语族
景颇语	—	—	+	SOV	汉藏语系藏缅语族
纳西语	—	—	+	SOV	汉藏语系藏缅语族
畲语	+	+	—	SVO	汉藏语系苗瑶语族
高山阿眉斯语	+	—	—	VSO	南岛语系印度尼西亚语族
阿昌语	—	—	+	SOV	汉藏语系藏缅语族
佤语	+	—	—	VSO/SVO	南亚语系孟高棉语族
门巴语	—	—	+	SOV	汉藏语系藏缅语族
独龙语	—	—	+	SOV	汉藏语系藏缅语族

在我们收集到的材料中,汉语,汉藏语系壮侗语族的仫佬语、傣语,布赓语,布兴语和汉藏语系苗瑶语族的畲语等语言有谓头添加,并且这些语言都有句首添加操作。按照徐杰(2005)的观点"话题相对于陈述而言,是言谈的对象和主题。它在本质上是一个语用层面的概念。这个语用概念,在纯形式的语法层面转化为一个形式语法特征[+TOP],进入形式语法的运行轨道,在某些语言中诱发'添加话题标记'或'前置带话题特征的语法成分'一类的语法操作。是否真的诱发语法操作取决于话题特征的强度而跟谓语前面有几个名词短语没有必然关系",汉语等语言之所以有谓头添加,是因为当前后分句主语相同时,先行小句的主语既是小句主语又是整个并列复句的话题。这样这一话题特征很强的前后分句共同主语必然会前置于并列连接词。如果我们以小句谓语动词为核心,将句首添加和谓头添加的并列连接词合称为前置并列连接词,句尾添

加的称为后置并列连接词。这样从添加的位置来看,不同语言的并列连接词有三种类型:前置、后置、既有前置又有后置。

5.3.3.2　并列复句中连接词的位置与语序类型的和谐

对动词与宾语的语序和其他语序特征之间的关系的研究始于19世纪,但是直至Greenberg(1963,1966)的论文发表,才标志着语言学界开始关注语序类型学。语序类型学的基本理念是,在大量的语序特征中存在着一种对应性或联系。因此,如果已知一种语言的某个参项的语序特征,比如动词与宾语的语序,基于统计数据上的判断,就可以推测这种语言的其他语序特征。

在各种语序中,Greenberg最重视的是小句基本成分(主语S、宾语O、动词V)的相对语序,Greenberg的第一条语序原则就是关于S、O、V语序的,他根据动词的位置分出I型(VSO)、II型(SVO)和III型(SOV)三种主要类型(据Tomlin[1986]统计,这三类语言约占语言总数的96%)。从Greenberg语序类型的数量看,在45条共性中,与主宾动有关的有15条,占首位。在语序类型学中,一种语序之所以被重视,被用作类型学参项,无非因为它与其他许多句法结构乃至形态结构有关系,或为蕴涵前件,或为蕴涵后件。主宾动的位置向来是被语言学家注意的,因为它是小句的主干成分。

我们共考察的40种语言,其中VSO型语言1种,SVO型语言16种,SOV型语言20种,SVO或SOV型语言2种,VSO或SVO型语言1种。通过对比考察可以看出,小句基本成分的逻辑排列次序分属SOV、SVO和VSO三种语序类型,依然是世界语言中最为常见的三种语序类型。我国藏缅语族的少数民族语言除了白语以外,都跟北方属于阿尔泰语系的少数民族语言一样,属于SOV型语言;汉藏语系壮侗语族、苗瑶语族语言,南亚语系语言,印欧语系语言都属于SVO型语言;台湾南岛语系属于VSO型语言。通过我们收集到的语言材料可以看出,并列连接词的添加位置和小句语序关系密切,SVO型语言倾向于添加前置并列连接词,VSO型语言倾向于添加前置并列连接词,SOV型语言倾向于添加后置并列连接词,汉语是介于SVO和SOV之间的中间状态语言,既有前置并列连接词又有后置并列连接词。由此可见并列连接词在先行分句内的添加位置具有蕴涵倾向性,即与该语言本身的基本语序和谐一致。

5.3.3.3 汉语并列复句中连接词的位置类型与介词位置类型的和谐性

语序的和谐性,是指不同结构的语序之间跨语言的相关性,例如AB总是跟CD共存于一种语言,BA则总是与DC共存于一种语言。和谐性只是一种倾向。绝对的和谐基于结构间的双向蕴涵,而大部分语序共性因为优势语序的存在而只表现为单向蕴涵。解释和谐基础的有Vennemann等的核心论(核心语都在同一侧,从属语都在另一侧)和Dryer的分支论(词汇性单位在同一侧,句法性单位在另一侧)。两种理论所覆盖的结构大部分交叉而又有少量不同。

无论是核心论还是分支论,都包括了介词类型和动宾关系的和谐。Vennemann(1974)、Hawkins(1983)和Dryer(1992)都用实际材料显示了介词类型和动宾结构之间的和谐性强于其他众多结构间的和谐性,表现为前置词与VO和谐,后置词与OV和谐。Dryer还注意到介词短语位置与动宾关系的和谐,比介词类型与动宾结构的对应还要强有力,例外绝无仅有。在汉语中,动宾结构以VO为主,PP以前置词为主,因此很符合这一和谐性。和谐性的成因是多方面的,语法化来源(LaPolla,2002)、经济性(Sgall,见Shibatani & Bynon,1995:8)、Dik(1997:406)的联系项居中原则等都可能是某些和谐的成因。

无论是根据核心论还是分支论,汉语都存在不和谐语序,突出表现在核心居首型的VO语序和核心居末型的OV语序之间。在与介词有关的方面,现代汉语PP以在核心动词后面为主,但也存在很多PP在核心动词前面的情况。(刘丹青,2003)PP在核心动词前,与VO语序不和谐。从我们考察的结果看到,英语先行并列连接词添加在先行小句句首,汉语则既可以添加在先行小句句首又可以使用后置先行连词,虽然后者数量较少。汉英先行并列连接词添加的位置与这两种语言的介词位置具有和谐一致性。首先连词与介词同属联系项范畴,Dik(1997:406)提出的联系项位置原则实际上已经注定这两种词类在语序上的和谐。而且,有些汉语并列连词本身就是连介兼类词,语言的功能经济性和模拟性也造成这两类词的和谐性。当然也许还有语法化等其他方面的原因。

5.3.4 并列复句中连接词位置类型与联系项原则

Dik提出的联系项原则是对介词和连词的语序影响最直接的普遍原则。它要求联系项位于其所联系的两个语法单位之间。并列词语中的连接词位于并列项中间是至今所见的一切语言所遵守的规则。

语序比较灵活的汉英并列复句在很大程度上也遵循联系项原则。汉语除了完全不用连接词的意合句外,我们考察到,汉语同英语一样,基本上采用下面两种句法操作手段来构建并列复句。一是只在后续分句句首添加后续前置连接词,如:

(139)他天生聪慧,而且有名师指教,自然学业有成。

(140)This sentence may be correct grammatically, but a native speaker never says it in that way.

例(139)、(140)都有一个联系项"而且"、"but"存在于两个分句的中介位置。

二是在前后分句都添加前置连接词,如:

(141)他不但嘴上这么说,并且行动上也这么做。

(142)Neither has he called on her, nor will he do so.

例(141)、(142)前后分句都添加了并列连接词,且都有一个联系项"并且"、"nor"存在于两个分句的中介位置。所以,汉语、英语成对搭配使用的关联连词,通常先行连接词可以省略,而后续连接词不能省略。如果只有先行连接词,而后续连接词省略,则不能保证有联系项存在于前后分句的中介位置。

另外汉语还可以通过在先行小句句尾添加连接词,且后续小句无需呼应连接词构成并列复句。后置先行连接词从语义功能上虽然指向前面小句,但是从认知功能上是承上启下的,后续小句中就不必再要其他关联成分与之呼应了,如:

(143)……老团长的一群鸡就来揩兵油,还到处拉屎。我这脾气上来管他团长政委,拿起大扫帚拍死一只不说,还在食堂门口贴了张大字报。(李斌奎《天山深处的"大兵"》)

例(143)中的先行后置连接词"不说"也处在前后分句的中介位置。当然也就不存在后置后续连接词,假如有后续连接词后置在句末,则既难以发挥连接功能,也不能保证前后分句之间的中介位置有联系项。

总之,联系项居中原则对并列连接词在复句中的位置有强有力的制约作用。

5.4 本章小结

这一章我们通过对汉英并列连接词位置的考察,发现它们所表现出的共性和差异主要有以下几点。

共性一:通过语音停顿,发现在线性位置上中立的并列词语中的连接词也有前、后置之分,而且具有跨语言的共性。

共性二:运用徐杰(2005)的"句法操作系统"理论,发现构成并列复句的句法操作手段是添加连接词。

共性三:并列分句连接词位置的类型特征是:以小句谓语动词为核心,可概括为前置和后置两种类型。并且它的位置与其语言的语序类型相和谐,受制于联系项居中原则。

共性四:汉英并列复句中的前置先行连接词一般不能单独使用,必须与相应的后续连接词搭配使用。

共性五:两种语言的前置先行连接词都可以省略,而前置后续连接词不能省略。

汉英并列连接词位置所表现出的差异主要为:

1. 对于先行并列小句来说,汉语并列连接词添加的位置有句首、谓头、句尾三种,而英语只能是句首。汉语等语言有谓头添加,这是因为当前后分句主语相同时,先行小句的主语既是小句主语又是整个并列复句的话题。在这种情形下,话题必然会前置于并列连接词。

2. 汉语以前置并列连接词为主,但确实存在少量的后置并列连接词,而英语只有前置并列连接词。这是由中心语参数决定的:汉语的基本语序以 SVO 为主,但确实也存在 SOV 语序;而英语则是典型的 SVO 语序。

第六章

结　语

6.1　本研究的主要结论

本书以语言类型学为理论指导,以寻求语言共性为研究取向,以跨语言对比为研究视角,通过对汉英并列连接词在并列词语和并列复句中隐与现、语序、位置三方面的句法表现所作的仔细观察和充分描写、系统对比分析,归纳概括了汉英并列连接词在这三方面所表现出的共性和差异,并对形成差异的原因作了简明扼要的解释。行文至此,本书已形成的主要结论有以下几个方面。

一、并列连接词的隐与现表现出以下共性与差异。

共性一:并列连接词的显现和隐匿共存于绝大多数语言。

共性二:并列连接词的隐匿比其显现更具有普遍性。

共性三:从隐匿的情况来看,随着其连接的句法单位由小到大,即:词与词并列→短语与短语并列→分句与分句并列,并列连接词的隐匿展现出一个不断自由的连续统。

共性四:并列连接词如果仅有连接作用而无标示句法关系的作用,则一般可以隐匿;如果并列连接词同时有连接和标示句法关系的作用,那么它一般必须显现。

差异主要表现为:汉语并列连接词隐匿的情形多于英语。汉语中存在绝对的无连接词并列结构,而英语中没有。当然,汉英的这种差异具有相对性,只有程度的差别。

二、汉英并列连接词的语序、并列项的语序表现出以下共性与差异。

共性一:并列连接词对并列词语语序有活化作用。无连接词并列词语的语序固定,而有连接词并列词语的语序相对灵活。

共性二:并列连接词对并列项语序有标示作用。根据并列连接词的标示作用,并列项的语序分为固定语序和非固定语序两种类型。

共性三:随着并列连接词连接的句法单位由小到大,并列项语序自由度存在一个由小到大变化的连续统。

共性四:并列分句与主从分句语序特征有交叉。并列分句之间和主从分句之间的语序自由度,存在一个由左到右,由自由到不自由的连续统,即平列/选择→转折→连贯/递进 = 主从。由于并列分句和主从分句之间存在这一连续统,从而使分句之间的语序成为区分并列和从属的形式标准之一。

差异主要表现为:在汉语中,并列分句与主从分句语序特征的交叉是由不同连接词的选用造成的;而在英语中,这一交叉是由同一连接词的不同连接功能造成的。这主要是由于汉语是综合型语言,并列连接词丰富且分工明确;而英语是分析型语言,同一个并列连接词不但可以连接不同语义关系的并列分句,还可以连接主从分句。

三、汉英并列连接词位置体现的共性和差异。

共性一:在线性位置上中立的并列词语中的连接词有前置、后置之分,而且具有跨语言的共性。

共性二:构成并列复句的句法操作手段是添加连接词。

共性三:并列分句连接词位置的类型特征是:以小句谓语动词为核心,可概括为前置和后置两种类型。并且它的位置与其语言的语序类型相和谐,受制于联系项居中原则。

差异主要表现为:

1. 对于先行并列小句来说,汉语并列连接词添加的位置有句首、谓头、句尾三种,而英语只能是句首。汉语等语言有谓头添加,这是因为当前后分句主语相同时,先行小句的主语既是小句主语又是整个并列复句的话题。在这种情形下,话题必然会前置于并列连接词。

2. 汉语以前置并列连接词为主,但确实存在少量的后置并列连接词,而英语只有前置并列连接词。这是由中心语参数决定的:汉语的基本语序以 SVO 为主,但确实也存在 SOV 语序;而英语则是典型的 SVO 语序。

6.2　本研究的意义和价值

一、理论意义

1. 丰富和发展了汉语并列连词系统

《马氏文通》是汉语语法学的奠基之作,但是此后所建立的汉语语法体系大都是以英语语法为基础,结果一方面很多汉语语法特点长期以来都被忽略掉了,另一方面本来是语言的普遍共性的被认为是汉语的特点。

通过汉英并列连接词句法分布的跨语言对比考察,发现并列连词有前置、后置不同的类型是人类语言的共性。在对汉语并列结构的考察中,我们也注意到以双用或多用形式出现的"……也罢……也罢、……也好……也好"、"……啊、……呀、……啦"等,与前置并列关联词的连锁形式相似,构成的并列结构本身也不能单说,必须有后续句接应,同时又有关联性。这些后置词与前置并列关联词具有同样的连接功能,因此也应算作并列连接词,而且这些后置并列连接词的存在能够得到语言类型学的解释。这样,我们不仅发现了汉语并列连词的一个重要类型,有利于更好地把握汉语并列连词的句法特点,而且这些具有连接功能的后置词,以往因为位置是后置而打入助词,被边缘化、甚或忽略了,现在它们也有了自己合法地位和归属。并列连词、能构成并列结构的连接副词、短语连词、后置连接词、关联连词共同构成汉语并列连词系统。

传统的中外语言比较,大都是两种语言之间的比较,主要是汉英两种语言的比较。两种语言比较的结果带有很大的片面性。相对于英语,汉语重意合,是对比语言学家普遍认同的汉语特征。我们也发现汉语并列连接词隐匿的情形多于英语,而英语并列连接词显现情形多于汉语。但是,汉语绝对的无连接词并列结构限定在很小的范围之内。汉英的这种差异具有相对性,只有程度的差别。进一步通过近 40 种语言的对比，发现并列连接词隐匿的分布范围比显现更广泛，具有跨语言的普遍性。所以，汉语重意合的观点带有片面性。

2. 类型学意义

语序类型学的几个主要模型（如 Greenberg，1966，Lehmann，1978，Hawkins，1983，Dryer，1992）都是围绕动宾之间的位序关系展开的。刘丹青（2003）打破传统模式，将介词纳入类型学参项，对汉语介词语序类型作了系统研究。本书以汉语和英语为主，共援引近 60 种语言，涉及六大语系，以语言类型学为研究视野，跨语言系统对比分析并列连接词在句法上的隐与现、句法位置、语序三方面所表现出的共性和差异，可以说是连词类型学研究的一次尝试。

二、应用价值

本书对汉语和英语并列连接词在并列词语和并列复句中的句法隐与现、句法位置、语序作了仔细观察、充分描写，系统地归纳概括了汉英并列连接词的句法特点。因此，本书的研究成果可以应用于对外汉语教学、英语学习、计算机信息处理和汉英互译。

6.3 本研究的局限性及进一步研究的方向

短短的三年时间，要想把汉英并列连接词句法分布的各种问题加以全面深入的探讨，肯定是不可能的；加之本人学识有限，本书已作的研究也还存在诸多不足，主要有以下三方面：

1. 语言材料的局限性。本书所使用的语料大多是二手或三手的间接语料，而且不是分门别类的语料。这种局限性既影响到语料的可靠性，也影响到对研究对象关注的全面性、均衡性。

2. 语言样本选择的不均衡。本研究从所能掌握的材料出发，选择近 60 种语言，涉及六大语系，但是它们在系属和语言地理上的分布并不一定均衡。

3. 概括不一定全面。如汉语并列词语中连接词隐匿的制约因素，本书仅注意到音节因素、逻辑因素、语义因素、语用因素四个方面；汉英并列词语语序制约因素，本书仅概括了认知心理因素、文化习惯因素、语用效果因素三个方面。

是否还有其他制约因素，有待于进一步挖掘。

以上几个方面的不足正是我们眼下亟待解决的问题。除了继续搜集详实可靠的语料、科学增加样本语言、加强对语料的充分描写和分析之外，还要加强对问题多方位、更深入的探讨。例如否定词与并列连词的位置关系：形式语法将并列连词与所连接的成分看作并列短语（&P），并列连词就是这个并列结构的核心。因此否定成分被吸收到作为核心成分的并列连词上也是很自然的。英语存在“neither…nor…”这样的否定并列关联词，其词形正说明这一并列关联连词是“either…or…”与否定要素（n）相结合的产物，这一句法分布现象是否具有跨语言的普遍性呢？是不是所有并列连词都可以这样结合呢？而且，本书仅从共时的角度对比汉英并列连词句法分布的类型特征，还可以从历时和共时相结合的角度，通过汉英并列连词的历时演变，来考察它们句法分布的类型特征。我们的研究层面仅涉及并列词语和并列复句，还可以将研究层面扩充到话语、乃至篇章，对比考察汉英并列连词句法分布的语用及修辞效果。汉英并列连词对比研究，路漫漫其修远兮！

参考文献

安玉霞,2006,汉语语序问题研究综述,《汉语学习》,2006年第6期。

白荃,1993,"而且"和"再说"的异同,《北京师范大学学报》,1993年第6期。

包晓泉,2001,英汉翻译顺序对比,《贵州工业大学学报》,2001年第2期。

北京大学中文系,1986,《现代汉语虚词例释》,北京:商务印书馆。

薛健,2002,试析连词"与"的分界功能,《汉语学习》,2002年第3期。

蔡龙权,2001,合取的对称性、传递性和添加性,《上海师范大学学报》(社会科学版),2001年第1期。

陈爱文、于平,1979,并列式双音词的字序,《中国语文》,1979年第2期。

陈国庆,2002,《克木语研究》,北京:民族出版社。

陈国庆,2005,《克蔑语研究》,北京:民族出版社。

陈建民,1984,《汉语口语》,北京:北京出版社。

陈周云、陶能为,2000,but连词用法研究,《甘肃教育学院学报》,2000年第1期。

陈宗振、雷选春,1985,《西部裕固语简志》,北京:民族出版社。

储诚志,1991,连词与介词的区分——以"跟"为例,《汉语学习》,1991年第3期。

储泽祥,2002,《汉语联合短语研究》,长沙:湖南大学出版社。

储泽祥、谢晓明,2003,异类词联合短语研究,《中国语文》,2003年第3期。

储泽祥、陶伏平,2008,汉语因果复句的关联标记模式与"联系项居中原则",《中国语文》,2008年第5期。

储泽祥、肖扬、曾庆香,2001,并列短语的标记隐匿情况考察,《汉语学报》,2001年第4期。

崔希亮,2001,《语言理解与认知》,北京:语言文化大学出版社。

戴浩一,1988,时间顺序和汉语的语序,黄河译,《国外语言学》,1988年第1期。

戴庆夏,2005,《速浪语研究》,北京:民族出版社。

戴庆夏、崔志超,1985,《阿昌语简志》,北京:民族出版社。

戴庆夏、蒋颖、孔志恩,2007,《波拉语研究》,北京:民族出版社。

邓道宣,2000,略论 but 从句的功能及特点,《英语自学》,2000 年第 8 期。

邓福南,1982,汉语连词的语法特点及几组词的归类难题,《中国语文》,1982 年第 2 期。

邓云华,2005,《英汉联合短语的对比研究》,长沙:湖南人民出版社。

丁声树,1961,《现代汉语语法讲话》,北京:商务印书馆。

董佳,2006,关于复句关联词语和分句语序的研究文献综述,《现代语文》,2006 年第 5 期。

董秀芳,2002,《词汇化:汉语双音词的衍生和发展》,成都:四川民族出版社。

鄂巧玲,2001,再谈并列双音词的字序,《甘肃教育学院学报》,2001 年第 1 期。

范晓, 2002,关于汉语的语序问题(二),《语言文字学》,2002 年第 4 期。

范晓,1991,《汉语的短语》,北京:商务印书馆。

冯胜利, 2000,《汉语韵律句法学》,上海:上海教育出版社。

傅新安、袁海君,1993,《汉英语法比较指南》,上海:上海交通大学出版社。

盖兴之,1986,《基诺语简志》,北京:民族出版社。

高琴,2004,《现代汉语并列结构的语序考察》,山西大学硕士学位论文。

高尔锵,1985,《塔吉克语简志》,北京:民族出版社。

高卫东,2005,慎言汉语的意合,《解放军外国语学院学报》,2005 年第 6 期。

高永奇,2004,《布兴语研究》,北京:民族出版社。

耿世民、李增祥,1985,《哈萨克语简志》,北京:民族出版社。

龚群虎,2007,《扎巴语研究》,北京:民族出版社。

谷孝龙,1999,关联词语在单句的功用及成因,《辽宁大学学报》,1999 年第 2 期。

郭冀舟,1984,《副词、介词、连词》,上海:上海教育出版社。

郭进军,1985,连词"和"表示的逻辑关系,《逻辑与语言学习》,1985 年第 5 期。

郭曙纶、孙镭,2007,"A 或 B"中"或"的语义表现及"或"与"和"的替换研究,载彭小川主编,《现代汉语虚词探索与研究》,广州:暨南大学出版社。

郭志良,1992,说说"可是"从语气副词向转折连词转化的过程,《逻辑与语言学习》,1992 年第 1 期。

哈森,1980,关联词语在复句中的使用,《语言文学》,1980 年第 3 期。

何凌杰,1998,关联词语使用五忌,《语文教学之友》,1998 年第 4 期。

何汝芬、曾思奇等,1986,《高山族语简志》(阿眉斯语),北京:民族出版社。

何兆熊,2000,《新编语用学概要》,上海:上海外语教育出版社。

和即仁、姜竹仪,1985,《纳西语简志》,北京:民族出版社。

贺嘉善,1983,《仡佬语简志》,北京:民族出版社。

侯学超,1998,《现代汉语虚词词典》,北京:北京大学出版社。

胡光斌,1996,"和"类连词的特殊功用,《黔南民族师范专科学校学报》,1996年第1期。

胡明扬,1996,《词类问题考察》,北京:北京语言学院出版社。

胡裕树,1995,《现代汉语》(重订本),上海:上海教育出版社。

胡增益、胡克,1986,《鄂温克语简志》,北京:民族出版社。

胡增益,1986,《鄂伦春语简志》,北京:民族出版社。

胡振华,1986,《柯尔克孜语简志》,北京:民族出版社。

胡宗哲,1996,浅谈语境对复句的制约,《修辞学习》,1996年第4期。

华灿,1985,关于复句中关联词语位置的研究,《济宁师范专科学校学报》,1985年第3期。

黄伯荣,廖序东,1997,《现代汉语》(下),北京:高等教育出版社。

黄汉生,1981,《现代汉语——语法修辞》,北京:书目文献出版社。

黄盛璋,1957,试论动词、介词划分中的几个问题,《语文教育》(华东),1957年第11期。

黄卫星,2008,联合复句及其关联词语的逻辑分析,载齐沪扬等编,《现代汉语虚词研究与对外汉语教学》,上海:复旦大学出版社。

江荻,2005,《义都语研究》,北京:民族出版社。

蒋文钦、陈爱文,1982,关于并列结构固定词语的内部次序,《中国语文》,1982年第4期。

金积令,1998,汉英词序对比研究,《外国语》,1998年第1期。

金立鑫,2006,语言类型学——当代语言学中的一门显学,《外国语》,2006年第5期。

金兆梓,1922,《国文法之研究》(1983年新版),北京:商务印书馆。

景士俊,1992,转折句问题三则,《语文学刊》,1992年第1期。

黎东良,2007,《最新德语汉语对比语法》,天津:天津大学出版社。

黎锦熙,1924,《新著国语文法》(1992年新版),北京:商务印书馆。

黎锦熙、刘世儒,1985,《联合词组和联合复句》,上海:上海教育出版社。

黎锦熙、刘世儒,1959,《汉语语法教材》(第二编),北京:商务印书馆。

黎锦熙、刘世儒,1957,汉语复句新体系理论,《外国语》,1957年第8期。

李玉,1980,"而"字小议,《语言教学与研究》,1980年第2期。

李丛禾,2006,英语连词AND及其并列句的语用功能分析,《外语教学》,2006年第2期。

李晗蕾,2002,名名并列式标题的修辞分析《汉语学习》,2002年第5期。

李权栏、仲谦,1986,《锡伯语简志》,北京:民族出版社。

李韧之,2008,类型学及其理论框架下的语言比较,《解放军外国语学院学报》,2008年第1期。

李思明,1997,中古汉语并列合成词中决定词素次序诸因素考察,《安庆师范学院学报》,1997年第1期。

李晓琪,1991,现代汉语复句中关联词的位置,《语言教学与研究》,1991年第2期。

李延林,2005,英语连词 or 的用法和译法,《词语知识》,2005年第3期。

李英哲、卢卓群,1997,汉语连词发展过程中的若干特点,《湖北大学学报》,1997年第4期。

李月彬,1997,"不是……就是……"的逻辑含义,《渤海学刊》,1997年第37期。

李云兵,2005,《布庚语研究》,北京:民族出版社。

李云兵,2008,《中国南方民族语言语序类型研究》,北京:北京大学出版社。

李宗江,2002,并列要素的层次标记,《汉语学习》,2002年第5期。

连淑能,1993,《英汉对比研究》,北京:高等教育出版社。

梁敏,1980,《侗语简志》,北京:民族出版社。

梁敏,1980,《毛难语简志》,北京:民族出版社。

梁敏、张均如、李云兵,2007,《普标语研究》,北京:民族出版社。

廖馥君,1979,《德语语法》,北京:商务印书馆。

廖秋忠,1992,现代汉语并列名词性成分的顺序,《中国语文》,1992年第3期。

林莲云 1985《萨拉语简志》,北京:民族出版社。

铃木庆夏,2008,"爸爸妈妈"等无标记并列结构的语法地位,《中国语文》,2008年第2期。

刘坚,1989,试论"和"字的发展,附论"共"字和"连"字,《中国语文》,1989年第6期。

刘静,2000,浅谈并列连词 but,《苏州教育学院学报》,2000年第1期。

刘璐,1984,《景颇语族语言简志》,北京:民族出版社。

刘丹青,2002,汉藏语言的若干语序类型课题,《民族语文》,2002年第5期。

刘丹青,2003,《语序类型学与介词理论》,北京:商务印书馆。

刘丹青,2008,《语法调查研究手册》,上海:上海教育出版社。

刘法公、张从孝,1996,汉英并列词语顺序比较与原理,《大连外国语学院学报》,1996年第3期。

刘公望,1988,试论"等"和"等等"的词性及语法功能,《新疆大学学报》,1988年第1期。

刘桂枝,1981,现代汉语中的"而",《唐山师范专科学校学报》,1981年第3期。

刘宓庆,1991,汉英对比研究的理论问题(上),《外国语》,1991年第4期。

刘乃仲,1998,"是A就是B"的又一种并列句,《吉林大学社会科学学报》,1998年第5期。

刘宁生,1995,汉语怎样表达物体的空间关系,《中国语文》,1995年第3期。

刘颂浩,1996,也谈"不是A,就是B",《世界汉语教学》,1996年第1期。

刘照雄,1981,《东乡语简志》,北京:民族出版社。

刘振铎,1986,《现代汉语复句》,天津:天津人民出版社。

卢卫中,2002,词序的认知基础,《解放军外国语学院学报》,2002年第5期。

卢卓群,1999,《递进复句式和关系词语的历史发展》,载邢福义主编,《汉语语法特点面面观》,北京:北京语言文化大学出版社。

鲁川,2005,预想论:现代汉语顺序的认知研究,《世界汉语教学》,2005年第1期。

陆俭明,1980,《"还"和"更"》,载北京大学中文系《语言学论丛》编委会编,《语言学论丛(六)》,北京:北京大学出版社。

陆俭明,1981,"更加"和"越发",《语文研究》,1981年第1期。

陆俭明,1983,汉语中表示主从关系的连词,《北京大学学报》,1983年第3期。

陆俭明,1985,《现代汉语虚词散论》,北京:北京大学出版社。

陆俭明、沈阳,2004,《汉语和汉语研究十五讲》,北京:北京大学出版社。

陆绍尊,2002,《门巴语方言研究》,北京:民族出版社。

陆绍尊,1983,《普米语简志》,北京:民族出版社。

陆绍尊,1986,《错那门巴语简志》,北京:民族出版社。

吕冀平,1959,假设和条件的表达,《语文学习》,1959年第6期。

吕叔湘,1977,通过比较研究语法,载杨自俭、李瑞华,1990,《英汉对比研究论文集》,上海:上海外语教育出版社。

吕叔湘,1979,《汉语语法分析问题》,北京:商务印书馆。

吕叔湘,1999,《现代汉语八百词》(增订本),北京:商务印书馆。

吕天石,1984,《英语语法纲要》,南京:江苏教育出版社。

吕志鲁,1995,《英汉语法对比分析》,成都:电子科技大学出版社。

伦道夫·夸克、西德尼·戈林鲍姆、杰弗里·利奇等,1992,《英语语法大全》,王国富等译,上海:华东师范大学出版社。

罗日新,1995,关联词语分布态势及奥秘所在,《辽宁师范大学学报》,1995年第1期。

马家珍,1987,联合词组中两个连词的逻辑性质,《绍兴师范专科学校学报》,1987年第2期。

马建忠,1898,《马氏文通》(1983年新版),北京:商务印书馆。

马静恒,1990,“而”字的探讨,《世界汉语教学》,1990 年第 1 期。

马清华,2000,关联标记的结构控制作用,《汉语学习》,2000 年第 6 期。

马清华,2003,并列连词的语法化轨迹及其普遍性,《民族语文》,2003 年第 1 期。

马清华,2004,《并列结构的自组织研究》,华东师范大学博士论文。

马清华,2005,《并列结构的自组织研究》,上海:复旦大学出版社。

马清华,2006,关联标记的结构控制作用,《汉语学习》,2006 年第 6 期。

毛宗武、蒙朝吉、郑宗泽,1982,《瑶族语言简志》,北京:民族出版社。

毛宗武、蒙朝吉,1986,《畲语简志》,北京:民族出版社。

莫超,1997,关联词语的定位与主语的关系,《兰州大学学报》,1997 年第 1 期。

牟章,2007,《英汉标记现象对比研究》,华东师范大学博士学位论文。

木仕华,2003,《卡卓语研究》,北京:民族出版社。

倪海曙,1984,序,载王自强,《现代汉语虚词用法小词典》,上海:上海辞书出版社。

倪立民,1982,关联连词“和”的用法及其新发展,《语言学年刊》,1982 年第 1 期。

牛爱之,2001,英语连词 and 的修辞作用,《山东教育学院学报》,2001 年第 1 期。

牛保义,1997,整体思维与分析思维,《四川外语学院学报》,1997 年第 2 期。

欧阳觉亚,1980,《黎语简志》,北京:民族出版社。

潘文国,1997,《汉英语对比纲要》,北京:北京语言文化大学出版社。

潘文国,2002,汉英对比研究一百年,《世界汉语教学》,2002 年第 1 期。

彭在义,1998,英汉并列词组的词序与翻译,《大学英语》,1998 年第 3 期。

齐沪扬、张谊生、陈昌来合编,2002,《现代汉语虚词综述》,合肥:安徽教育出版社。

齐沪扬、张谊生等,2002,《现代汉语虚词研究综述》,合肥:安徽教育出版社。

钱乃荣,1997,《上海话语法》,上海:上海人民出版社。

秦毅,2005,AND 的特殊用法及其翻译,《遵义师范学院学报》,2005 年第 1 期。

秦礼君,2006,《日汉比较语法》,合肥:中国科学技术大学出版社。

邱艳春,2007,似与非似的“and”与“和”,《江西科技师范学院学报》,2007 年第 1 期。

曲志坚,1997,同音异义连接词和关联词的区别,《外语学刊》,1997 年第 1 期。

任学亮,1981,《汉英比较语法》,北京:中国社会科学出版社。

申小龙,1992,《语言的文化阐释》,上海:知识出版社。

沈家煊,1999,《不对称性和标记论》,江西:江西教育出版社。

沈锡伦,1987,从“和”字看介词和连词的区别,《语文学习》,1987 年第 2 期。

石羽文,1984,英汉并列成分排列的异同,《科技英语学习》,1984 年第 2 期。

石毓智,1995,论汉语的大音节结构,《中国语文》,1995 年第 3 期。

石毓智,2000,《语法的认知语义基础》,江西:江西教育出版社。

史有为,1986,汉语连词的功能、界限和位置,《中央民族学院学报》(语言文学增刊第3辑)。

史有为,1992,《呼唤柔性——汉语语法探异》,海口:海南出版社。

适达,1994a,漫说连词"并"的作用,《逻辑与语言学习》,1994年第1期。

适达,1994b,前正后偏复句小议,《逻辑与语言学习》,1994年第6期。

宋京生,2002,汉、英连词关系范畴对比,《华东船舶工业学院学报》(社会科学版),2002年第3期。

宋京生,2003,汉、英连词在句中的位置比较,《华东船舶工业学院学报》(社会科学版),2003年第2期。

宋秀令,1979,谈几对关联词语的功用,《中国语文》,1979年第1期。

宋玉柱,1988,关于连词和介词的区分,《汉语学习》,1988年第6期。

宋玉柱,1990,再谈关联词语在单句成分间的连接作用:从"却"字连接主、谓谈起,《汉语学习》,1990年第3期。

宋志平,2003,英汉语形合与意合对比研究综观,《东北师范大学学报》(哲学社会科学版),2003年第2期。

宋仲鑫,1988,"一方面……一方面"的组合功能,《天津师范大学学报》,1988年第5期。

宋仲鑫,1991,关联短语及其在单句中的分布,《武陵学刊》,1991年第1期。

孙屹,2008,"and"与"而"的英汉语义异同及其语义关系的正确对应,《内蒙古农业大学学报》(社会科学版),2008年第2期。

孙云,1980,论偏句的位置,《天津师范学报》,1980年第2期。

孙宏开、刘光坤,2005,《阿侬语研究》,北京:民族出版社。

孙宏开,1982,《独龙语简志》,北京:民族出版社。

汤廷池,1979,"跟"的介词与连词用法,《国语语法研究论集》,台北:台湾学生书局。

田德生、向天贞,1986,《土家语简志》,北京:民族出版社。

田小琳,1990,《语法和左邻右舍》,北京:人民教育出版社。

王还,1993,《汉英对比论文集》,北京:北京语言学院出版社。

王还,1994,对外汉语教学:汉语内部规律的试金石——以"反而"为例,《世界汉语教学》,1994年第1期。

王磊,1981,谈连词"和"的连接作用,《牡丹江师范学院学报》,1981年第4期。

王力,1957,《汉语语法纲要》(1982年新1版),上海:上海教育出版社。

王力,1989,《汉语语法史》,北京:商务印书馆。

王勇,2009,论语言类型学研究中的解释,《解放军外国语学院学报》,2009 年第 1 期。

王薇,2002,现代汉语动词性并列结构联合项位次的研究,《汉语学习》,2002 年第 2 期。

王成芳,1994,连词 and 的意义和用法,《四川外语学院学报》,1994 年第 3 期。

王大新,1998,一次只能用一个标准——也论连词、介词的划分,《汉语学习》,1998 年第 1 期。

王福祥、刘润清,1995,我国语言学研究状况和发展趋势,《外语教学与研究》,1995 年第 3 期。

王国栋,2005,《大学英语深层语法》,北京:清华大学出版社。

王国璋,1980,现代汉语中连词“而”的几种用法,《语文学习》,1980 年第 4 期。

王国璋,1979,论汉语并列结构的复杂性,《语文学习》,1979 年第 4 期。

王国璋、王松茂,1980,《常用词用法例释》,北京:中国人民大学出版社。

王宏宇,1995,数量因素对“不是 A,就是 B”格式意义的制约作用,《世界汉语教学》,1995 年第 2 期。

王宏宇,1996,细说“不是 A,就是 B”格式,《世界汉语教学》,1996 年第 4 期。

王宏宇,1997,“一边 A,一边 B”的内部语义关系分析,《中国语文》,1997 年第 2 期。

王会芬,2007,《汉英并列结构语序的比较研究》,安徽大学硕士论文。

王均、郑国乔,1980,《仫佬语简志》,北京:民族出版社。

王年一,1960,关于“和”的几种用法,《中国语文》,1960 年第 11 期。

王维贤等,1994,《现代汉语复句新解》,上海:华东师范大学出版社。

王中明,1982,试论单句中的关联词语,《南充师范学院学报》,1982 年第 3 期。

王宗炎,1995,广东外语界科研剪影,《外语教学与研究》,1995 年第 4 期。

魏洛书,2008,A and B 的非并列译例,《中国科技翻译》,2008 年第 1 期。

魏在江,2004,英汉语篇连贯认知对比研究,华东师范大学博士学位论文。

魏志成、原一川,2002,英汉语比较研究综述,《曲靖师范学院学报》,2002 年第 5 期。

文旭,2001,词序的拟象性探索,《语言文字学》,2001 年第 3 期。

文旭,2001,认知语言学中的顺序拟象原则,《福建外语》,2001 年第 2 期。

吴婧,2006,汉语“但是”、“却”和英语“but”互译问题摭谈,《杭州师范学院学报》(社会科学版),2006 年第 3 期。

吴阳,2004,《英汉并列结构的比较与翻译》,湖南师范大学硕士学位论文。

吴竞存、梁伯枢,1992,《现代汉语句法结构与分析》,北京:语文出版社。

吴静、石毓智,2005,英汉并列结构的语法共性与个性,《外语学刊》,2005 年第 3 期。

吴克炎,2004a,英语连词 and 的语义、修辞功能,《辽宁工学院学报》,2004 年第 1 期。

吴克炎,2004b,英语连词 or 的语用、修辞功能,《山东师范大学外国语学院学报》,2004年第1期。

吴全铎,1980,连词“和”的用法,《内蒙古教育》,1980 年第4期。

吴为章,1995,语序重要,《中国语文》,1995 年第6期。

吴云芳,2005,并列成分中心语语义相似性考察,《当代语言学》,2005 年第4期。

向若,1957,介词跟动词、连词的关系,《语文学习》,1957 年第5期。

肖斧,1953,“与”类连词在多迭并列中的位置,《语文学习》,1953 年第3期。

肖斧,1956,再说“与”类连词在多迭并列中的位置,《中国语文》,1956 年第8期。

肖斧,1957a,用“和”字连接的成分,《语文学习》,1957 年第1期。

肖斧,1957b,多迭并列中的最后两迭之间加“与”类连词的问题,《中国语文》,1957 年第1期。

谢耀基,2001,汉语语法欧化综述,《语文研究》,2001 年第1期。

谢质彬,1993,“然而”标顺接质疑,《中国语文》,1993 年第2期。

邢福义,1983a,“但”类词对几种复句的转化作用,《中国语文》,1983 年第3期。

邢福义,1983b,关于“不是……而是”句式,《语文知识论丛》,1983 年第2期。

邢福义,1983c,试论“A 否则 B”的句式,《中国语文》,1983 年第6期。

邢福义,1985,“越 X,越 Y”句式,《中国语文》,1985 年第3期。

邢福义,1985,《复句与关系词语》,黑龙江:黑龙江人民出版社。

邢福义,1991,汉语复句格式对复句语义关系的反制约,《中国语文》,1991 年第1期。

邢福义,1996,《汉语语法学》,长春:东北师范大学出版社。

邢福义,1998,关系句“一边”的配对与单用,《世界汉语教学》,1998 年第4期。

邢福义 2001《汉语复句研究》,北京:商务印书馆。

邢福义、吴振国,2002,《语言学概论》,武汉:华中师范大学出版社。

徐杰,1987,句子的功能和相关标点的使用,《汉语学习》,1987 年第1期。

徐杰,2001,《普遍语法原则与汉语语法现象》,北京:北京大学出版社。

徐杰,2005,词组与小句之间的差异及其蕴含的理论意义,《汉语学报》,2005 年第3期。

徐杰,2005,句子的三个敏感位置与句子的疑问范畴——跨语言的类型比较,载单周尧、陆镜光主编,《语言文字学研究》,北京:中国社会科学出版社。

徐杰,1985,“都”类副词的总括对象及其隐匿位序,《汉语学习》,1985 年第1期。

徐俐丽,1988,连词“和”研究概观,《徐州师范学院学报》,1988 年第4期。

徐盛桓,2004,A and B 语法化研究,《外语教学与研究》,2004 年第1期。

徐通锵,1991,语义句法刍议,《语言教学与研究》,1991 年第3期。

许余龙,2002,《对比语言学》,上海:上海外语教育出版社。

杨联平,2005,英语连词AND语义及句法功能研究,《北京第二外国语学院学报》,2005年第6期。

杨月蓉,2000,"但是"与"却"的相容性和排斥性——兼论转折句的语义关系,《世界汉语教学》,2000年第1期。

杨自俭、李瑞华,1990,《英汉对比研究论文集》,上海:上海外语教育出版社。

易匠翘,1992,言语链中偏正复句变位论,《社会科学战线》,1992年第4期。

尹世超,2006,标题特点的"A与/和B"格式,《汉语学习》,2006年第6期。

于树泉,1991,复句变序的修辞作用,《修辞学习》,1991年第4期。

俞敏,1952,说"跟"跟"和",《语文学习》,1952年第2期。

玉柱,1988,关于连词和介词的区分问题,《汉语学习》,1988年第6期。

喻翠容,1980,《佈依语简志》,北京:民族出版社。

喻翠容、罗美珍,1980,《傣语简志》,北京:民族出版社。

岳凌,2007,汉语语序研究的历史、现状及思考,《北京广播电视大学学报》,2007年第1期。

詹卫东,2001,确立语义范畴的原则及语义范畴的相对性,《世界汉语教学》,2001年第2期。

张斌,1996,《现代汉语》,北京:中央广播电视大学出版社。

张斌,1998,《汉语语法学》,上海:上海教育出版社。

张斌,2001,《现代汉语虚词词典》,北京:商务印书馆。

张斌,2002,《新编现代汉语》,上海:复旦大学出版社。

张璐,2002,从东西南北谈汉语语序所反映的认知过程,《语言研究》,2002年第4期。

张敏,1998,《认知语言学与汉语名词短语》,北京:中国社会科学出版社。

张宝林,1996a,《关联副词的范围及其与连词的区分》,载胡明扬主编,《词类问题考察》,北京:北京语言学院出版社。

张宝林,1996b,《连词的再分类》,载胡明扬主编,《词类问题考察》,北京:北京语言学院出版社。

张伯江,导读,载 William Croft, *Radical Construction Grammar: Syntactic Theory in Typological Perspective*, Oxford: Oxford University Press,2001;北京:世界图书出版公司,2005。

张道真、温志远,2001,《英语语法大全》,北京:外语教学与研究出版社。

张耿光,1981,连动结构与连词"而",《语文学习》,1981年第9期。

张国光,1992,连词"与"的次类和"A之与B"结构,《贵州师范大学学报》,1992年第2期。

张济川,1986,《仓洛门巴语简志》,北京:民族出版社。

张健、陶寰,1993,论组合性并列连词,《汉语学习》,1993年第5期。

张均如,1979,《水语简志》,北京:民族出版社。

张克礼,2001,《新编英语语法》,北京:高等教育出版社。

张炼强,1997,汉语语序的多面考察(上)、(下),《首都师范大学学报》,1997年第5期,第6期。

张培成,2000,英语成对词与汉语联合式复合词比较,《外语教学》,2000年第1期。

张彦群、辛长顺 2002 并列结构组成成分排序原则原因初探,《天中学刊》,2002年第4期。

张仰奋,1997,谈"but"的逻辑意义及其衔接功能,《广东教育学院学报》,1997年第1期。

张谊生,1996,交互类短语与连介兼类词的分化,《中国语文》,1996年第5期。

章振邦,2003,《新编英语语法教程》,上海:上海外语教育出版社。

赵杰,1989,《现代满语研究》,北京:民族出版社。

赵世开,1999,《汉英语法对比论集》,上海:上海外语教育出版社。

赵艳芳,2001,《认知语言学概论》,上海:上海外语教育出版社。

赵永新,1983,汉语的"和"与英语的"and",《语言教学与研究》,1983年第1期。

赵元任,1979,《汉语口语语法》,吕叔湘译,北京:商务印书馆。

赵元任,1986,什么是正确的汉语,载《赵元任语言学论文集》,北京:中国社会科学出版社。

赵元任,1979,《汉语口语语法》,吕叔湘译,北京:商务印书馆。

赵志毅,1981,《英汉语法比较》,西安:陕西人民出版社。

照那斯图,1981,《土族语简志》,北京:民族出版社。

郑远汉,2003,语序与修辞,《汉语学习》,2003年第5期。

仲素纯,1982,《达斡尔语简志》,北京:民族出版社。

周刚,2001,汉、英、日语连词语序对比研究及其语言类型学意义,《语言教学与研究》,2001年第5期。

周刚,2002,《连词与相关问题》,合肥:安徽教育出版社。

周荐,1986,并列结构内词语的顺序问题,《天津师大学报》,1986年第5期。

周强,1996,《汉语语料库的短语自动划分和标注研究》,北京大学计算机系博士学位论文。

周换琴,1995,"不但……而且……"的语用分析,《语言教学与研究》,1995年第1期。

周生亚,1989,并列连词"与、及"用法辨析,《中国语文》,1989年第2期。

周有斌,2003,"或者"句中总括式的使用及选择项排列顺序的简要考察,《阜阳师范学院学报》,2003 年第 5 期。

周有斌、邵敬敏,2002,"或者"单用、双用与多用的条件制约,《语文研究》,2002 年第 2 期。

周植志、颜其香,1984,《佤语简志》,北京:民族出版社。

朱德熙,1982,《语法讲义》,北京:商务印书馆。

朱林清,1979,谈"便"字的连词用法,《南京师范学院学报》,1979 年第 1 期。

朱林清,1980,"不但不……而且……"格式的运用,《语文战线》,1980 年第 8 期。

朱声琦,1985,"之"是连词吗,《松辽学刊》,1985 年第 1 期。

朱文雄,1981,试论关联词语的省略作用,《广西民族师范学院学报》,1981 年第 2 期。

邹哲承,2002,联合结构的标记类型及其作用,《山西师大学报(社会科学版)》,2002 年第 1 期。

Agarwal, R. and L. Boggess. 1992. A simple but useful approach to conjunct identification. *Proceedings of 30th Annual Meeting of Association for Computational Linguistics*, Newark: Delaware.

Allan, K. 1987. Hierarchies and the choices of left conjuncts (with particular attention to English), *Journal of Linguistics.*

Bell, Allen. 1978. Language samples / / Joseph H. Greenberg, Charles A. Ferguson & Edity A. Moravcsik, *Universals of Human Languages*, *Vol.* 11: *Method and Theory*, Stanford: Stanford University Press.

Bernhard Wälchli. 2005. *Co-Compounds and Natural Coordination*, Oxford: Oxford University Press.

Blakemore, D. 1987. *Semantic Constraints on Relevance*, Oxford: Blackwell, 1987.

Blakemore, D. & R., Carston. 1965. The pragmatics of and-conjunctions: the non-narrative cases, UCL Working Papers in Linguistics, 11: 1220.

Blakemore, D. & R., Carston. 2005. The pragmatics of sentential coordination with and, *Lingua.*

Bock, J. K. 1982. Toward a Cognitive Psychology of Syntax: Information Processing Contribution to Sentence Formulation, *Psychological Review.*

Carston, R. 1993. Conjunction, explanation and relevance, *Lingua.*

Comrie, B. 1981. *Language Universals and Linguistic Typology.* Chicago: The University of Chicago Press. (沈家煊译,1989,《语言共性和语言类型》, 北京:华夏出版社。)

Cooper, W. E. & J. R. Ross, Word order, In R. E. Gossmean, et al. eds., *Papers from the Parasession on Functionalism*, Chicago Liguistics Society.

Costello, R. (ed.). 1992. *The Random House Webster's College Dictionary*, New York: Random House.

Croft, William. 1990. *Typology and Universals*, Cambridge: Cambridge University Press.

Croft, William. 2001. *Radical Constructive Grammar: Syntactic Theory in Typological Persperctive*, Oxford: Oxford University Press.

Deborah Schiffrin. 1987. *Discourse Markers*, Cambridge: Cambridge University Press.

Dik, S. C. 1980. *Studies in Functional Grammar*, New York: Academic Press.

Dik, Simon C. 1997. *The Theory of Functional Grammar*, Berlin & New York: Mouton de Gruyter.

Dryer, Matthew S. 1992. The Greenbergian word order correlations. *Language*. Vol. 68.

Dryer, Matthew S. 2005. (1994) Order of Adverbial Subordinator and Clause, In *The World Atlas of Language Structures*, ed. by Martin Haspelmath, Matthew S. Dryer, David Gil, and Bernard Comrie, Oxford: Oxford University Press.

Fillmore, C. J. 1982. *Frame semantics*, *Linguistics in the Morning Calm*, Seoul: Hanshin Publishing Corporation. (中译本：詹卫东译,2003,《框架语义学》,《语言学论丛》第27辑,北京：商务印书馆。)

Greenberg, J. H. 1966. (1963) Some universals of grammar with particular reference to the order of meaningful elements. In *Universals of Language*, ed. by J. H. Greenberg, Cambridge, Mass.: MIT Press. (陆丙甫、陆致极译,《某些主要跟语序有关的语法普遍现象》,《国外语言学》,1984年第2期。)

Greenberg, Joseph H. 1963. Some universals of grammar with particular reference to the order of meaningful elements, *Universals of Language*, Cambridge, Mass.: MIT Press.

Greenberg, Joseph H. 1966. Some universals of grammar with particular reference to the order of meaningful elements, *Universals of Grammar* (2nd ed.), Cambridge, Mass.: MIT Press.

Greenberg, Joseph H. 1970. Some generalizations concerning glottalic consonants, especially implosives, *International Journal of American Linguistics*.

Greenberg, Joseph H. 1974. *Language Typology: a Historical and Analytic Overview*, The Hague: Mouton.

Grice, P. 1989. *Studies in the Way of Words*, Harvard: Harvard University Press.

Haiman, J. 1985. Symmetry, In *Iconicity in Syntax*, ed. by J. Haimen, Amsterdam: John

Benjamins.

Halliday, M. A. K. 1994. *An Introduction to Functional Grammar* (2nd edition), London: Arnold.

Hanks, P. (ed.). 1979. *Collins Dictionary of the English Language*, London & Glasgow: Collins.

Hawkins, John A. 1983. *Word Order Universals*, New York: Academic Press.

Hopper, P. & E. Traugott. 2005. *Grammaticalization*, Beijing: Peking University Press.

Hudson, R. 1988. Coordination and Grammatical relations, *Journal of Linguistics*.

James D. Ucawley,1994,汉语词类归属的理据,张伯江译,《国外语言学》,1994 年第 4 期。

Johnson, Kyle. 1996. Gapping. Ch. 2 of: *In search of the English middle field*, MS., University of Massachusetts-Amherst.

Kayne, Richard. 1994. *The Antisymmetry of Syntax*, Cambridge, MA: MIT Press.

Kurohashi, S and M. Nagao. 1994. A syntactic analysis method of long Japanese sentences based on the detection of conjunctive structures, *Computational Linguistics*.

Lambrecht, K. 1984. Formulaicity, Frame Semantics, and Pragmatics in German Binominal Expressions, *Language*.

LaPolla, Randy. 2002. Word order patterns in Sino-Tibetan and their significance to theories of explanation in typology. In Pan, Wuyun (ed.) *Language and Culture in the East* (东方语言与文化), Shanghai: Oriental Publishing Center (东方出版社).

Lehmann, Winfred P. (ed.). 1978. *Syntatic Typology*. Austin: University of Texas Press.

Lila R. Gleitman. 1965. Coordinating Conjunction in English, *Language*.

Lyons, John. 1977. *Semantics*, Cambridge: Cambridge University Press.

Malkiel Y. 1959. Studies in irreversible binominal, *Lingua*.

Munn, Alan. 1987. Coordinate structure and X-bar theory, *McGill Working Papers in Linguistics*.

Okumura, A. and K. Muraki. 1994. Symmetric pattern matching analysis for English coordinate structures, In *Proceedings of the 4th Conference on Applied Natural Language Processing*, University of Stuttgart.

Osgood, and J. K. Bock. 1997. Salience and Sentencing: Some Production Principles, *Sentence Production: Developments in Research and Theory*, ed. by S. Rosenberg, Hillsdale, H. J.: Lawrence Erlbaum Associates, Publishers.

Osgood, C. E. 1980 *Lectures on Language Performance*, Berlin: Spring-Verlag.

Plank, Frans. 1991. *Paradigms: the economy of infleceion*, Berlin & New York: Mouton de Gruyter.

Quirk, et al. 1985. *A Comprehensive Grammar of the English Language*, London and New York: Longman.

Robins, Robert H. 1952. Noun and verb in universal grammar, *Language*.

Schacter, P. 1997. Constraints on Coordinate Structures, *Language*.

Shibatani, Masayoshi & Theodora Bynon (ed.). 1995. *Approaches to Language Typology*. Oxford: Clarendon Press.

Siewierska, A. 1984. *The Passive: A Comparative Linguistic Analysis*, London: Croom Helm.

Siewierska, Anna. 1988. *Word Order Rules*. New York: Croom Helm.

Song, Jae Jung. 2001. *Linguistic Typology*, Harlow and London: Pearson Education Limited.

Stassen, Leon. 1985. *Comparison and Universal Grammar*, Oxford: Basil Blackwell.

Strawson, P. 1952. *Introduction to Logical Theory*, London: Methuen.

Sutherland, S. 1990. *The International Dictionary of Psychology*, New York: Continuum.

Tai, J. H-Y. 1985. Temporal Sequence and Chinese Word Order, In *Iconicity in Synax*, ed. by J. Haiman, Amsterdam: John Benjamins.

Tai, J. H-Y. 1989. Toward Cognition-based Functional Grammar of Chinese, *Functionalism and Chinese Grammar*, ed. J. H-Y. Tai and F. F-S. Hsueh. Chinese Language Teachers Association, Monograph Series No. 1.

Taylor, J. R. 1989. *Linguistic Categorization: Prototypes in Linguistic Theory*, Oxford: Oxford University Press.

Van Dijk, T. 1977. *A Text and Context*, London: Longman.

Xu Jie. 2003. *Sentence Head and Sentence Structure*, Singapore: Longman.

Yngve, Victor H. 1960. A model and a hypothesis for language structure, In *Proceedings of the American Philosophical Society*.

Zoerner, Cyril Edward III. 1995. *Coordination: The Syntax of &P*, Ph. D. Dissertation, University of California.

附录一

第三章表一所涉及语言参考文献出处

孙宏开、刘光坤,2005,《阿侬语研究》,北京:民族出版社。

黎东良,2007,《最新德语汉语对比语法》,天津:天津大学出版社。

廖馥君,1979,《德语语法》,北京:商务印书馆。

李权栏、仲谦,1986,《锡伯语简志》,北京:民族出版社。

刘照雄,1981,《东乡语简志》,北京:民族出版社。

耿世民、李增祥,1985,《哈萨克语简志》,北京:民族出版社。

王均、郑国乔,1980,《仫佬语简志》,北京:民族出版社。

贺嘉善,1983,《仡佬语简志》,北京:民族出版社。

赵 杰,1989,《现代满语研究》,北京:民族出版社。

喻翠容、罗美珍,1980,《傣语简志》,北京:民族出版社。

毛宗武、蒙朝吉、郑宗泽,1982,《瑶族语言简志》,北京:民族出版社。

梁敏、张均如、李云兵,2007,《普标语研究》,北京:民族出版社。

林莲云,1985,《萨拉语简志》,北京:民族出版社。

戴庆夏,2005,《速浪语研究》,北京:民族出版社。

木仕华,2003,《卡卓语研究》,北京:民族出版社。

李云兵,2005,《布庚语研究》,北京:民族出版社。

刘 璐,1984,《景颇语族语言简志》,北京:民族出版社。

和即任、姜竹仪,1985,《纳西语简志》,北京:民族出版社。

张均如,1979,《水语简志》,北京:民族出版社。

张济川,1986,《仓洛门巴语简志》,北京:民族出版社。

陆绍尊,1986,《错那门巴语简志》,北京:民族出版社。

田德生,1986,《土家语简志》,北京:民族出版社。

梁 敏,1980,《侗语简志》,北京:民族出版社。

梁 敏,1980,《毛难语简志》,北京:民族出版社。

毛宗武、蒙朝吉,1986,《畲语简志》,北京:民族出版社。

欧阳觉亚,1980,《黎语简志》,北京:民族出版社。

何汝芬、曾思奇等,1986,《高山族语简志》(阿眉斯语),北京:民族出版社。

陆绍尊,1983,《普米语简志》,北京:民族出版社。

戴庆夏、崔志超,1985,《阿昌语简志》,北京:民族出版社。

照那斯图,1981,《土族语简志》,北京:民族出版社。

孙宏开,1982,《独龙语简志》,北京:民族出版社。

江 荻,2005,《义都语研究》,北京:民族出版社。

高尔锵,1985,《塔吉克语简志》,北京:民族出版社。

戴庆夏、蒋颖、孔志恩,2007,《波拉语研究》,北京:民族出版社。

仲素纯,1982,《达翰尔语简志》,北京:民族出版社。

胡振华,1986,《柯尔克孜语简志》,北京:民族出版社。

盖兴之,1986,《基诺语简志》,北京:民族出版社。

胡增益、胡克,1986,《鄂温克语简志》,北京:民族出版社。

胡增益,1986,《鄂伦春语简志》,北京:民族出版社。

高永奇,2004,《布兴语研究》,北京:民族出版社。

陈国庆,2002,《克木语研究》,北京:民族出版社。

陈国庆,2005,《克蔑语研究》,北京:民族出版社。

龚群虎,2007,《扎巴语研究》,北京:民族出版社。

周植志、颜其香,1984,《佤语简志》,北京:民族出版社。

陆绍尊,2002,《门巴语方言研究》,北京:民族出版社。

附录二

第五章表四所涉及语言文献出处

陈国庆,2002,《克木语研究》,北京:民族出版社。
陈国庆,2005,《克蔑语研究》,北京:民族出版社。
戴庆夏,2005,《速浪语研究》,北京:民族出版社。
戴庆夏、崔志超,1985,《阿昌语简志》,北京:民族出版社。
戴庆夏、蒋颖、孔志恩,2007,《波拉语研究》,北京:民族出版社。
盖兴之,1986,《基诺语简志》,北京:民族出版社。
高尔锵,1985,《塔吉克语简志》,北京:民族出版社。
高永奇,2004,《布兴语研究》,北京:民族出版社。
龚群虎,2007,《扎巴语研究》,北京:民族出版社。
何汝芬、曾思奇等,1986,《高山族语简志》(阿眉斯语),北京:民族出版社。
和即仁、姜竹仪,1985,《纳西语简志》,北京:民族出版社。
贺嘉善,1983,《仡佬语简志》,北京:民族出版社。
胡增益、胡克,1986,《鄂温克语简志》,北京:民族出版社。
胡增益,1986,《鄂伦春语简志》,北京:民族出版社。
胡振华,1986,《柯尔克孜语简志》,北京:民族出版社。
江荻,2005,《义都语研究》,北京:民族出版社。
李权栏、仲谦,1986,《锡伯语简志》,北京:民族出版社。
李云兵,2005,《布赓语研究》,北京:民族出版社。
梁敏、张均如、李云兵,2007,《普标语研究》,北京:民族出版社。
林莲云,1985,《萨拉语简志》,北京:民族出版社。
刘璐,1984,《景颇语族语言简志》,北京:民族出版社。
刘照雄,1981,《东乡语简志》,北京:民族出版社。

陆绍尊,2002,《门巴语方言研究》,北京:民族出版社。

陆绍尊,1983,《普米语简志》,北京:民族出版社。

陆绍尊,1986,《错那门巴语简志》,北京:民族出版社。

毛宗武、蒙朝吉、郑宗泽,1982,《瑶族语言简志》,北京:民族出版社。

毛宗武、蒙朝吉,1986,《畲语简志》,北京:民族出版社。

孙宏开、刘光坤,2005,《阿侬语研究》,北京:民族出版社。

孙宏开,1982,《独龙语简志》,北京:民族出版社。

田德生、向天贞,1986,《土家语简志》,北京:民族出版社。

王均、郑国乔,1980,《仫佬语简志》,北京:民族出版社。

喻翠容、罗美珍,1980,《傣语简志》,北京:民族出版社。

张济川,1986,《仓洛门巴语简志》,北京:民族出版社。

照那斯图,1981,《土族语简志》,北京:民族出版社。

仲素纯,1982,《达斡尔语简志》,北京:民族出版社。

周植志、颜其香,1984,《佤语简志》,北京:民族出版社。

后　记

《汉英并列连接词句法分布对比研究》一书的原型是我在徐杰教授指导下撰写的博士学位论文,毕业后作了修改和补充。我依然将我博士论文的后记作为这本专著的后记,因为这本薄薄的书稿浓缩了我读博的成长经历,凝聚了自己这些年的学习和思考。

在一次报告中,邢福义先生说“句号这个标点并不代表终结;句号就是个零,它注定新的开始”。我的博士论文虽已脱稿,可是我没有感觉到丝毫的释然、轻松与喜悦。攻读博士学位三年学习生活的结束,标志我学生生涯的终结。我的博士论文仅能算作我在华中师范大学语言研究所三年学习的总结。汉英并列连词对比,看似很小的论题,实则是复杂庞大的系统工程,后续研究还很多。

攻读博士学位的三年,风雨兼程。我身兼做学生、为人父、为人子数职,加之意想不到的不幸与磨难,个中滋味唯我内心自知!回首攻读经历,我又感到不幸中的万幸,因为短短三年间我竟得到了这么多恩师、挚友的悉心指导和帮助。这里只能挂一漏万地深表谢意。

2007年秋天,我放弃了一个人人称美的工作机会,本着内心的喜好和追求,来到了华师语言所。非常感激我的导师徐杰教授!徐老师不嫌学生愚钝,将我收在门下,给了我这一宝贵的学习机会。先生知识渊博,才思敏捷,文风严谨,乐观豁达,待人宽厚,为学生楷模;无论是授课、专题讲座、读书会的点评还是单独指导,都高屋建瓴、深入浅出、循循善诱、通俗易懂。老师无论身处何地,随时与我们保持电子邮件联系,经常在百忙之中写信激励我们潜心做学问、提供学术信息、提醒我论文写作中应该注意的事项和问题,让我感动不已。从论文的选题到文章的整体构架,甚至体例安排都蕴涵着导师的心血和汗水,文中的许多思想和观点更是直接来自于先生的教诲。没有先生的点拨和教诲,我可能还在纷繁复杂的语言现象中徘徊。三年中,先生的敬业精神、严谨的治学作风和对学生无微不至的关怀给我深深的影响,并将会使我受益终生!导师对我的殷切期望和谆谆教诲,我时刻铭记在心。对导师的感激之情,无以言表,唯有将自己毕生的精力投入到奥妙无穷的语言研究与探索之中,才是对师恩最好的报答。

特别感谢邢福义先生所开创的华师语言所这片沃土。这里学术交流频繁,学术氛围浓厚,催人上进,使我受益匪浅。邢先生敏锐的观察力、独到的研究视角、精辟的论证分析常让晚辈有高山仰止之感。高深的学问之道,赋之以朴实平白的话语,春风化雨、润物无声!"抬头是山,路在脚下","做学问要讲求朴学之风","写文章要让别人读得懂、信得过、用得上;因此,必须讲实据,求实证","研究植根于汉语泥土,理论生发于汉语事实","个人的学术研究乃至学科的发展都要有所为,有所不为","人品第一,学问第二;文品第一,文章第二"……这些都是让我受益终身的箴言。我还有幸得到了邢先生领军下的众位老师的关爱,他们或曾为我授课解惑,或曾为我提供各种帮助,他们是既严格又宽容的汪国胜教授、妙趣横生的储泽祥教授、平易近人的李向农教授、和蔼可亲的吴振国教授,亦师亦友的刘云教授、谢晓明教授、匡鹏飞副教授、姚双云副教授、苏俊波副教授、罗进军副教授等青年才俊。另外,欧阳老师、肖敏老师在我图书查询、资料收集等方面也给予了我莫大的支持和帮助。所有这些都是我人生中宝贵的财富,我真诚地向您们表示感谢,并殷切希望在我以后的人生道路上能够继续得到您们的指导和帮助!

说起能来华师语言所攻读博士学位的缘分,我还得感谢我的大学老师周统权教授和师母马翠萍老师。周老师不仅是我走上语言学研究道路的启蒙老师,而且是我的入党介绍人。无论是学业建树还是人生道路的选择,没有他言传身教、以身示范的指引,我不可能本科毕业就任职于沿海高校,不可能有勇气、信心去上海攻读硕士学位,更不可能踏进华中师范大学语言研究所,入名门、跟名师,攻读博士学位。我的中学英语老师,现在武昌实验中学工作的袁生维、匡秀珍夫妇，也一直关注我的成长与发展；为我获得再学习的机会，他们费尽周折，为我提供各种支持与帮助。我来武汉学习才一个月，家父就被诊断为癌症患者。我将父亲带到身边，一边陪他做化疗、照顾他的生活，一边学习。在这期间，这几位老师是我的精神支柱，为我们父子提供生活关照、心理安慰。复习备考及三年学习期间，我的高中校友、同乡，华中师范大学外事处副处长王俐博士为我解决了很多实际困难，解除了很多心理负担。

我还要特别感谢我的师兄马宏程博士，从复习备考到三年的学习生活，他对我的关心无微不至！在我最困难的时候总有他的陪伴！他做事、做人的细心、严谨、稳重、真诚，永远是我学习的榜样！感谢大师兄王勇老师，每当我在学习、生活中遇到困难，他都是有求必应！他治学的勤奋与严谨，为我楷模！感谢我的室友王泉院长三年来对我生活的关照。同学及朋友张国华师兄、宋晖、刘鹏、肖升、沈威、吴锋文、向二兰、张媛媛、吴雅云、王优、张艳玲、加晓昕、黄柏刚、史习兵、张军、张玉宏、段绍敏等，他们或为我提供学术上的便利，或在我生活上关心有加，我将永远珍视这一份友谊。

在论文撰写及这本书稿写作过程中，我还得到浙江工商大学外国语学院院长刘法公教授，浙江大学外国语学院王小潞教授，南京航空航天大学徐以中博士，我原工作单位的朋友陈国锋、谢杭，同事徐伟彬教授、于祥越副教授、沈兆莉副教授、赵小品副教授、杨金菊副教授、张莉讲师、鲜文森讲师、汪晶讲师、李文硕士等的关切和帮助，谨表谢忱！

感谢我的妻子施英英，我在外六年攻读硕士、博士学位，她一直支持我、鼓励我、安慰我。她的工作本来就很辛苦，还要抚育年幼的儿子，任劳任怨、无怨无悔。她含辛茹苦地支撑着整个家庭，克服经济上的困难，为我解除了后顾之忧，使我能顺利完成六年的学业，她的支持是我成功的保障。我最感欣慰的是我的儿子李昊锦，他听话，懂事，健康。

我父亲在我刚写完博士论文初稿不幸病逝。他在病危之际还不忘对我学业的叮嘱，却终于未能亲眼看到我的博士学位授予仪式和此书的出版。我将此书献给我的父亲李宪章，一个无缘读完中师、却大半生被称为“李老师、李校长”的中学全科教师。他的自学精神是我学海行舟时的永恒动力。

本书的出版得到教育部高等学校社会科学发展研究中心的全额出版资助，

将本书收入《高校人文学术成果文库》，并委托中国书籍出版社负责出版；中国书籍出版社的领导和编辑为这本书的出版做了大量工作，没有他们的努力和支持，这本书也就不能如此顺利地与读者见面，在此对教育部高等学校社会科学发展研究中心和中国书籍出版社一并表示衷心的感谢！

李丹弟

2012 年端午节于野风·海天城寓所